Scheerer

v. Novemb: 1782

SONNETS
CHRETIENS
SUR
DIVERS SUJETS,
PAR
LAURENT DRELINCOURT.
AVEC
LES PSEAUMES PENITENTIAUX
DU MEME AUTEUR.
NOUVELLE EDITION.

Revue & corrigée avec la derniere exactitude sur les Editions anciennes, & rendue plus utile à la Jeuneſſe qu'aucune des précédentes.

A AMSTERDAM,
Chez la Veuve de J. F. JOLLY, Libraire
Sur le Rokkin, près de la Bourſe.
MDCCLXI.

AVERTISSEMENT
DU
LIBRAIRE
SUR CETTE
NOUVELLE EDITION.

PEU de Livres ont eu un fuccès auffi prompt & auffi foutenu, que les SONNETS CHRE-TIENS de Mr. DRELINCOURT. Ils parurent pour la premiere en 1678, & fe débiterent avec tant de rapidité, qu'il s'en fit en deux ans fix Editions, comme il paroît par celle de Charenton de 1680, qui eft la fixieme. Depuis ce tems-là elles fe font multipliées prefque à l'infini, mais en fe multipliant elles ont eu le fort ordinaire des Livres de cette ef-pece; c'eft-à-dire, que peu à peu elles fe font tout à fait corrompues par la négligence des Libraires, qui, fûrs du débit, fe font peu mis en peine de les imprimer correctement. De-là font venues tant de fautes énormes, qui rendent aujourd'hui ces Sonnets prefque méconnoiffables : vers entiers

* 2   omis :

AVERTISSEMENT.

omis: d'autres compofés de deux hémiftiches de vers différens: mots mis l'un pour l'autre, qui forment un fens abfurde & ridicule: faux renvois dans les notes: fans parler d'une infinité de fautes plus légeres. Pour remédier à ce défordre il a falu avoir recours à quelqu'une des premieres Editions, & par ce moyen je crois avoir rétabli ce petit Ouvrage dans fa pureté primitive.

A cet avantage, très-confidérable pour toutes les perfonnes qui lifent ces Sonnets, je me fuis propofé de joindre tous ceux qui en peuvent rendre la lecture facile & profitable aux Jeunes-gens, à qui on en fait communément apprendre quelques-uns par cœur. J'ai pris tous les foins dont je fuis capable pour n'y point laiffer de fautes d'impreffion. Je me fuis extrêmement attaché à la ponctuation, article fort négligé pour l'ordinaire, quoiqu'il contribue plus que tout autre à la clarté du fens, pourvu que l'on ne pouffe pas l'exactitude jufqu'à la pédanterie. Enfin, malgré la difficulté qu'il y a de marquer la prononciation de certains *e*, j'ai tâché de la faire fentir, autant qu'il eft poffible. J'ajoute cette reftriction, parce que nous manquons d'accens pour le faire par-tout avec précifion; ou que nous ne tirons pas de ceux que nous avons, tout le parti que nous en pourrions tirer, fi nous en changions feulement tant foit peu l'ufage.

On fe plaint avec raifon, que la plupart des Livres tels que celui-ci, dont les Réformés fe fervent

vent communément dans leurs Ecoles, ne font propres qu'à apprendre à la Jeuneffe une mauvaife orthographe & une prononciation vicieufe. Je me flatte qu'on ne portera pas le même jugement de cette Edition, & que les corrections dont je viens de parler la rendront utile à ces deux égards aux Jeunes-gens, & même à bien des Maîtres, fouvent auffi ignorans que leurs Ecoliers.

J'ai fupprimé le Portrait de CHARLES DRELINCOURT, qu'on s'eft avifé de mettre à la tête des Editions modernes de ce Livre, foit par ignorance, ou pour mettre à profit un Portrait gravé qui fe fera trouvé dans le Magazin du Libraire. Les *Sonnets Chrétiens* ne font point de CHARLES DRELINCOURT, Auteur des *Confolations contre les Frayeurs de la Mort*, & de divers autres Ouvrages de Piété & de Controverfe; mais d'un de fes Fils, LAURENT DRILINCOURT, Miniftre premiérement à la Rochelle, & enfuite à Niort, où il eft mort en 1680.

A
TRÈS-HAUTE ET TRÈS-PUISSANTE
PRINCESSE,
MADAME EMILIE
NÉE LANDGRAVE
DE HESSE,
PRINCESSE
DE TARENTE.

ADAME,

Je sai bien que les petits Tableaux Poëtiques que je prens la liberté d'offrir à VOTRE AL-TESSE, ne méritent pas d'entrer dans le Cabinet d'une si grande Princesse. Cependant, MADA-ME, j'ose espérer qu'ils ne Vous déplaîront pas en-

tiére-

EPITRE.

tièrement, puisque VOTRE ALTESSE a de-
jà daigné les regarder d'un œil favorable. Le
reſſentiment de cette grace, & de tant d'autres
dont je ſuis redevable aux bontés de VOTRE
ALTESSE, ſembleroit ici, MADAME,
me demander votre Eloge. Mais le Portrait ne
pourroit jamais repréſenter aſſez bien ce qu'il y
a de plus admirable dans l'Original; & je ſuis
aſſuré, MADAME, que les éclatantes Lumieres de tant de Vertus Héroïques & Chrétiennes
qui brillent en Vous, & qui ſont ſi dignes de votre haute naiſſance, donnent aſſez d'elles-mêmes
l'idée que tout le monde doit avoir de VOTRE
ALTESSE. Ainſi, dans un ſilence reſpec-
tueux, je me contenterai, MADAME, de
continuer mes vœux pour la proſpérité de VO-
TRE ALTESSE, & de me dire, avec la
paſſion la plus ſincere & la plus ſoumiſe dont on
puiſſe être capable,

DE VOTRE ALTESSE,

MADAME,

Le très-humble & très-obeiſſant
Serviteur,

DRELINCOURT.

* 4   AVER-

AVERTISSEMENT

DE L'AUTEUR.

JE mets en lumiere des Sonnets Chrétiens, que j'ai composés dans les heures de quelques mauvaises nuits. Je ne cherchois en cela qu'à charmer mon inquiétude, & je trouvois quelque douceur à fixer ma triste imagination sur ces innocentes pensées.

Je prenois les Sujets selon qu'ils s'offroient d'eux-mêmes, sans songer ni à la liaison, ni au choix. Mais comme ces petits Ouvrages se sont insensiblement multipliés, j'ai été obligé de les metre dans quelque ordre, & de les diviser même en quatre Livres, pour en ôter la confusion.

Ce Corps de Sonnets ainsi disposés, n'est pas semblable au Corps humain, dont toutes les parties dépendent tellement l'une de l'autre, qu'elles ne peuvent subsister détachées de leur tout. C'est ici comme un Bouquet de diverses fleurs, dont l'arrangement n'empêche pas que chaque fleur, séparée des autres, ne puisse avoir son odeur & sa beauté particuliere. Ainsi, quelque ordre que j'aye mis dans ce Recueil, on peut considérer chaque Sonnet comme une Piece détachée & indépendante, qui, sans rapport aux autres, a en elle-même tout ce qu'elle est capable d'avoir ou d'agrément, ou d'utilité.

Je n'ai pas dessein de rabaisser le prix des plus magnifiques Ouvrages de Poësie, pour faire valoir mes foibles productions. Je dirai seulement ici, qu'il en est à-peu-près de la Poësie, comme de la Musique. L'une

&

& l'autre déviennent ennuyeuſes, ſi elles durent trop longtems. Et quand même on regarderoit la lecture des Vers comme une promenade libre & ſans contrainte, qui ne fait que la plus délicieuſe promenade, quand elle eſt trop longue, ne laiſſe pas de fatiguer ?

J'applique cela aux Poëmes Héroïques. C'eſt-là ſans-doute que la Poëſie fait éclater ce qu'elle a de plus har-monieux, & qu'elle paroît avec tous ſes charmes. Mais comme toutes les parties de ces grandes Pieces ſont tel-lement liées enſemble, que pour en bien juger, & en faire ſon profit, il faut écouter tout le Concert dé-puis le commencement juſqu'à la fin, & faire toute la promenade d'un bout à l'autre ſans prendre haleine, il eſt comme impoſſible que l'on ne ſoit fatigué par cette longue application.

On peut dire, au contraire, que les Sonnets, par leur briéveté, ſont commodes aux Lecteurs, parce qu'ils ne leur donnent pas le tems de ſe laſſer. Ce ſont comme autant de petits Airs ſéparés, dont la Muſique n'eſt pas ennuyeuſe, parce qu'elle eſt courte ; & ce ſont comme autant de petites promenades, au bout desquelles on peut prendre le frais, & ſe repoſer.

Au reſte, je ſai qu'il y a des gens qui regardent les ter-mes & les fictions des Poëtes Grecs & Latins de l'Anti-quité Payenne, comme l'ame & la forme eſſentielle de la Poëſie. Ainſi ils ne font nulle eſtime des Vers qui, bien que formés par des Chrétiens, ne ſont pas animés de cet air du Paganiſme ; & qui, bien que François, ne ſont pas vêtus à la Grecque ou à la Romaine. Choſe étrange qu'il faille être Payen pour être Poëte, & que ſous le Chriſtianiſme on encenſe encore aux Idoles !

Mais, aille qui voudra dreſſer ſes autels ſur le Parnaſ-ſe, & boire à la Fontaine Caſtaline, c'eſt un lieu où je n'eus jamais envie d'aller : jamais, graces au vrai Dieu, je n'invoquai, ni le faux Dieu Apollon, ni les Muſes

pro-

profanes, que l'on dit qui lui tiennent compagnie. J'ai toujours porté mes vœux en la Montagne de Sion, & au Ruiffeau de Siloé. Auffi qu'eft-ce, je vous prie, du Violon de cette Idole de la Phocide, & de la Lyre de ces neuf Filles fabuleufes, au prix de la Harpe de David, & de la Mufette du Sanctuaire? Et que font tous les Lauriers de l'Achaïe, en comparaifon des Palmes de la Terre Sainte?

Quoi qu'il en foit, je ne prétens pas que l'on trouve dans mes Vers la délicateffe, ni la pompe que l'on trouve aujourd'hui dans des Ouvrages même de Dévotion & de Piété, où les Graces, pour être Chrétiennes, n'en font que plus belles & plus aimables, puisqu'elles en font plus pures & plus chaftes.

Il fera pourtant aifé de reconnoître, que mes Sonnets font plus ou moins poëtiques, plus ou moins heureux, felon la diverfité des Sujets; ou, fi vous voulez, felon la diverfe difpofition de mon efprit lorsque je m'y fuis appliqué. Il faut même avouer qu'il y a ici quelques Sonnets tendres & affectueux, qui n'y font demeurés que parce qu'ils ont été l'occafion de tous les autres, & qu'ayant été faits fur des rencontres particulieres où j'étois fort intéreffé, je n'ai pu me défaire de ma tendreffe pour eux, & j'ai accoutumé mes Amis à les voir & à les fouffrir.

Les Génies font merveilleufement différens. Il y en a qui n'aiment dans les Vers que les Defcriptions Hiftoriques, & les Peintures Naturelles. On en voit qui ne fe plaîfent qu'aux Sujets de Morale & de Piété. Quelques-uns veulent des idées délicates, & qui flattent l'imagination. Mais d'autres fouhaitent des penfées folides, & des expreffions qui touchent le cœur. Enfin, les uns recherchent les fleurs & la magnificence du ftile, & les autres ne demandent que des fruits fans ornement & fans façon; c'eft-à-dire, qu'ils fe déclarent

pour

pour le ftile fimple & naturel, où fans art & fans fi-
gures les Vers coulent doucement, comme fi c'étoit
de la Profe.

Ainfi je ne doute pas, que comme il y a ici des Sonnets de divers genres, la diverfité du génie & de l'incli-
nation ne faffe recevoir plus agréablement aux uns, ce
qui plaîra moins aux autres.

Si le Publie reçoit quelque fatisfaction de ce que je lui
préfente, il en aura plus d'obligation à mes Amis qu'à
moi-même. Ce font eux, qui ayant vu quelques-uns de
ces petits Tableaux de la Nature & de la Grace, que j'a-
vois tracésfeulement pour ma confolation particuliere,
m'ont pouffé, de tems en tems, à en entreprendre de
nouveaux. Souvent même, par leurs inftances, ils m'ont
remis à la main le Pinceau que j'en avois laiffé tomber, fans intention de le reprendre.

C'eft pour répondre à leur defir, & fur le jugement
qu'ils ont fait de mon Ouvrage, que j'en hazarde aujourd'hui la publication. Auffi je prétens qu'en quelque
forte ils en doivent être les garans ; & que ce n'eft pas
proprement à moi, mais à eux qu'il s'en faut prendre, fi
l'on n'en eft pas fatisfait.

A MON-

A MONSIEUR
DRELINCOURT,
SUR SES
SONNETS CHRETIENS.

SONNET.

TEs Sonnets, Drelincourt, sont si forts, si touchans,
Et je suis si charmé des beautés de ton Livre,
Que je crois qu'il pourra forcer les plus méchans
A former désormais le dessein de bien vivre.

L'harmonieux Concert de tes célestes Chants.
Plus doux que les douceurs dont la chair nous enivre,
Retient comme enchantés ses rapides penchans,
Et lui fait écouter son devoir pour le suivre.

Quel bonheur ce seroit, si tant de beaux Esprits,
Qui des neuf folles Sœurs sont follement épris,
Vouloient, en t'imitant, sanctifier leurs Muses!

Le Vice triomphant se verroit abattu :
Et ces Filles de joie, en désordre & confuses,
Laisseroient à son tour triompher la Vertu.

Par Mr. de Boisguerin.

TABLE

TABLE
DES SONNETS CHRETIENS.

LIVRE PREMIER.

Sur la Nature, et son Auteur.

SUr la Vanité du Monde, & sur le Souverain Bien. Sonnet 1	Sur le Feu. 20
	Sur l'Air. 21
Sur la Divinité. 2	Sur le Tonnerre & la Foudre. 22
Sur le Fils éternel de Dieu. 3	Sur l'Arc-en-ciel. 23
Sur le Saint Esprit. 4	Sur les Vents. 24
Sur la Création du Monde 5	Sur la Mer. 25
Sur le même sujet. 6	Sur les Fontaines & les Rivieres. 26
Sur la Découverte du Nouveau Monde. 7	Sur la Navigation. 27
Sur les Anges. 8	Sur la Terre. 28
Sur l'Esprit Malin. 9	Sur l'Or. 29
Sur l'Homme. 10	Sur les Pierres précieuses. 30
Sur le même sujet. 11	Sur la Pierre d'Aimant. 31
Sur la Jeunesse. 12	Sur le Renouvellement de l'Année. 32
Sur la Vieillesse. 13	Sur le Printems. 33
Sur les Animaux. 14	Sur l'Eté. 34
Sur les Arbres & les Plantes. 15	Sur l'Automne. 35
Sur les Cieux. 16	Sur l'Hiver. 36
Sur le Soleil. 17	Sur la Providence. 37
Sur la Lune. 18	Sur le même sujet. 38
Sur les Elémens. 19	Sur le même sujet. 39

LIVRE

TABLE.

LIVRE SECOND.

SUR DIVERSES HISTOIRES DU VIEU. TESTAMENT.

Sur l'état d'Adam & d'Eve dans le Paradis Terrestre. Sonnet 1

Sur le Péché d'Adam. 2

Sur le Meurtre d'Abel. 3

Sur le Déluge. 4

Sur l'Arche de Noé. 5

Sur la Tour de Babel, & la Division des Langues. 6

Sur l'Embrasement de Sodome. 7

Sur le Sacrifice d'Abraham. 8

Sur les Larmes d'Esaü. 9

Sur la Lutte de Jacob. 10

Sur Joseph. 11

Sur la Servitude d'Egypte. 12

Sur Job. 13

Sur Moïse. 14

Sur la Sortie d'Egypte. 15

Sur le Passage de la Mer Rouge. 16.

Sur les Miracles du Désert. 17

Sur la Loi. 18

Sur l'Arche de l'Alliance. 19

Sur les Sacrifices. 20

Snr Josué. 21

Sur Gédéon. 22

Sur la Fille de Jephté. 23

Sur Samson. 24

Sur Samuel. 25

Sur David. 26

Sur le Temple de Salomon. 27

Sur Absalom. 28

Sur la Reine de Séba. 29

Sur Elie. 30

Sur Jonas. 31

Sur la Maladie d'Ezéchias. 32

Sur la Prison de Manassé. 33

Sur la Mort de Josias. 34

Sur la Captivité de Babylone. 35

Sur Daniel. 36

Sur les trois Princes Hébreux dans la Fournaise. 37

Sur le Retour de la Captivité de Babylone. 38

Sur la Reine Esther. 39

LIVRE

TABLE.

LIVRE TROISIEME.

SUR DIVERSES HISTOIRES DU NOUVEAU TESTAMENT.

SUr l'Evangile. Sonnet 1
Sur la Sainte Vierge. 2
Sur la Naissance de N. S. 3
Sur le même sujet. 4
Sur le Portrait de N. S. 5
Sur l'Apparition de l'Ange aux Bergers. 6
Sur l'Adoration des Mages. 7
Sur Saint Siméon. 8
Sur le Massacre des Enfans de Bethléhem. 9
Sur la Circoncision & le Baptême de N. S. 10
Sur Saint Jean-Baptiste décapité. 11
Sur la Tentation de N. S. au Désert. 12
Sur les Sermons de N. S. 13
Sur l'Enfant Prodigue. 14
Sur le Mauvais Riche & le Lazare. 15
Sur le Pharisien & le Publicain. 16
Sur la Parabole des Vierges. 17
Sur les Miracles de N. S. 18
Sur la Transfiguration de N. S. 19
Sur la Pénitence de la Pécheresse. 20
Sur l'Entrée Royale de N. S. dans Jérusalem. 21

Sur l'Agonie de N. S. au Jardin des Olives. 22
Sur la Trahison de Judas. 23
Sur la Chûte & la Repentance de Saint Pierre. 24
Sur la Croix de N. S. 25
Sur le même sujet. 26
Sur la Conversion du Bon-Larron. 27
Sur les Miracles arrivés à la Mort de N. S. 28
Sur la Sépulture de N. S. 29
Sur le Voyage de la Madeleine au Sépulcre de N S. 30
Sur la Résurrection de N. S. 31
Sur le même sujet. 32
Sur l'Ascension de N. S. 33
Sur le même sujet. 34
Sur la Pentecôte Chrétienne. 35
Sur le même sujet. 36
Sur le Martyre de Saint Étienne. 37
Sur la Conversion de Saint Paul. 38
Sur la Prison & la Délivrance de Saint Pierre. 39
Sur la Mort d'Hérode Agrippa. 40
Sur le Voyage de Saint Paul à Rome. 41

LIVRE

TABLE.

LIVRE QUATRIEME

SUR DIVERSES GRACES ET DIVERS ETATS

Sur l'Eglise.　Sonnet 1
Sur la Parole de Dieu. 2
Sur les Sacremens. 3
Sur la Vérité. 4
Sur l'Erreur. 5
Sur la Vertu. 6
Sur les trois principales Vertus Chrétiennes. 7
Sur le Vice. 8
Sur la Guerre. 9
Sur la Paix. 10
Sur la Paix de Dieu. 11
Sur la Priere. 12
Priere pour le Matin. 13
Priere pour le Soir. 14
Priere du Voyageur. 15
Consolation du Prisonnier. 16
Priere pour la Communion. 17
Action de graces après la Communion. 18
Priere du Malade. 19
Priere pour les Afflictions & les Douleurs. 20

Priere du Mourant. 21
Premier Adieu du Mourant. 2?
Second Adieu du Mourant. 2?
Sur la Mort. 2?
Sur le même sujet. 2?
Sur le même sujet. 2?
Sur la mort d'une Fille unique. 2?
Sur le même sujet. 2?
Sur le même sujet. 2?
Sur le Tombeau du Fidele. 3?
Sur les Saints Martyrs. 3?
Sur le même sujet. 3?
Sur la Résurrection. 3?
Sur le même sujet. 3?
Sur le même sujet. 3?
Sur le même sujet. 3?
Sur le Jugement dernier. 3?
Sur le même sujet. 3?
Sur le même sujet. 3?
Sur l'Enfer. 40
Sur la Gloire du Paradis. 4?

SONNETS
CHRETIENS.

LIVRE PREMIER.

SUR

LA NATURE,

ET SUR

SON AUTEUR.

SONNETS

CHRÉTIENS

LIVRE PREMIER

SUR

LA NATURE

ET SUR

SON AUTEUR.

LIVRE PREMIER.

SONNET I.

SUR LA VANITÉ DU MONDE, ET SUR LE SOUVERAIN BIEN.

VA courir, si tu veux, l'un & l'autre Hémisphere,
Tu n'y trouveras rien qui ne soit vanité,
Rien qui ne soit sujet à l'instabilité,
Rien dont ton ame, enfin, se doive satisfaire.

Vois-tu pas du Mondain la sensible misere?
L'Avare, avec son or, est en captivité:
L'Ambitieux gémit sous sa prospérité:
Et des plus doux plaisirs la fin devient amere.

Tu cherches donc, d'un œil vainement curieux,
Le suprême Bonheur sous la voûte des Cieux!
Envain ton cœur aveugle ici-bas s'enracine.

Mortel, écoute-moi; viens apprendre en ce lieu,
Que pour remplir une ame immortelle & divine,
Aucun Bien ne suffit, qui soit moindre que Dieu.

---

3. Le grand Salomon assure qu'il en avoit fait l'expérience.
6. *L'Avare ne possede pas ses biens, mais il en est possedé.* Bion.
7. *O Couronne, que tu es pesante!* disoit le Roi *Seleucus.*
8. Comme l'Eau des Rivieres, lorsqu'elle se rend dans la Mer.
14. C'est pourquoi Dieu promet de se donner lui-même aux Saints dans la Gloire; & l'Ecriture dit qu'alors *il sera tout en tous.* A 2

SONNET II.

SUR LA DIVINITÉ.

ELeve-toi, mon ame, &, d'un vol glorieux,
Va, dans le plus haut Ciel, contempler l'Invisible,
Le Monarque infini, plus grand que tous les Cieux ;
La premiere Beauté, l'Etre incompréhensible.

C'est lui qui toujours est, sans jamais être vieux :
C'est lui par qui tout est, à qui tout est possible ;
Qui, sans changer de place, est présent en tous lieux ;
Et dont tout l'Univers est l'image sensible.

Eternel, trois fois Bon, trois fois Grand, trois fois
        Saint,
Quel le Ciel même adore, & que la Terre craint,
Fai que je t'aime autant que je te vois aimable.

Que t'ayant ici-bas contemplé par la Foi,
Quelque jour, au sortir de ce corps périssable,
J'entre dans ton Palais, pour être tout en toi.

---

4. Simonide ayant demandé terme sur terme, pour dire ce
que c'étoit que Dieu, répondit enfin, que *plus il y pen-
soit, plus il y trouvoit de difficulté.*
5. *Dieu se qualifie,* celui qui est, qui étoit, & qui sera, c'est-
à-dire, l'Eternel. *Or l'Eternité n'a point de tems, & celui
qui ne peut naître, n'a point d'âge.* Tertullien.
11. *La raison d'aimer Dieu, c'est Dieu même; & la mesure de
l'aimer, c'est de l'aimer sans mesure.* Bernard.

SONNET III.

SUR LE FILS ETERNEL DE DIEU.

SUr l'aile de ma foi, jufqu'aux Cieux tranfporté,
Grand Dieu, je vois ton Fils dans fa grandeur im-
menfe,
Engendré dans ton fein, fans avoir pris naiffance;
Et vivant avec toi de toute éternité.

Je le vois ton égal, en force, en majefté:
Joint à toi par nature, & le même en effence:
Diftingué, toutefois, quant à la fubfiftance;
Mais fans éloignement, & fans diverfité.

Etroite liaifon! ineffable myftere!
Le Pere dans le Fils, & le Fils dans le Pere,
Sont unis, fans mêlange, inféparablement.

De leur fainte Union la merveille eft extrême:
Toute Image à l'Objet reffemble feulement;
Mais l'Image de Dieu, dans fon Fils, c'eft Dieu même.

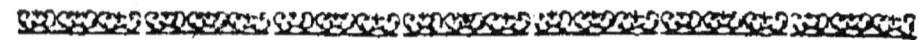

---

2. *Dieu de Dieu; Lumiere de Lumiere; vrai Dieu du vrai Dieu;
Fils unique de Dieu; non fait, mais engendré, & par qui
toutes chofes ont été faites; Confubftantiel, Coéternel, & Coégal au Pere,* difent dans le IV. Siecle les Conciles de Ni-
cée & de Conftantinople.

9. Les Théologiens Grecs ont nommé *Péricorefe* cette Union
ineffable, que Jéfus-Chrift avoit exprimée en difant: *Je
fuis dans mon Pere, & mon Pere eft dans moi.*

SONNET IV.

SUR LE SAINT ESPRIT.

ESprit faint & divin, porte-moi fur ton aïle,
   Au Séjour bienheureux de ton Eternité,
Pour y voir des rayons de ta Divinité
Sinon la vive flamme, au-moins quelque étincelle.

   Mais j'apperçois déjà ta splendeur immortelle :
Je t'adore, ô grand Dieu! qui dans la Trinité,
Termines feul l'Amour & la Fécondité,
Qui du Pere & du Fils font la gloire éternelle.

   Acheve auffi pour moi, mon doux Confolateur,
L'œuvre dont, par fon Fils, le Pere fut l'Auteur :
Fai-moi fentir ta force & ta bonté fuprême.

   Le Pere a bien donné fon Fils pour me fauver :
Le Fils, pour mon Salut, s'eft bien donné foi-même :
Mais fans toi, ce Salut ne fe peut achever.

---

1. Allufion à l'Apparition du St. Efprit en forme de Colombe, au Baptême de Jéfus-Chrift.
7. St. Auguftin le qualifie, *l'Amour, la Concorde, le Lien, & la Production du Pere & du Fils, pour achever avec eux l'adorable Trinité, comme leur coégal en majefté & en gloire.*
9. Un Ancien le nomme *le Confommateur,* & l'Ecriture *le Paraclet;* c'eft-à-dire, felon St. Auguftin, *le doux Confolateur* de nos larmes, & *le vigilant Avocat* de nos miferes.

SONNET V.

SUR LA CRÉATION DU MONDE.

Puissance du Créateur.

J'Adore l'invisible & l'immortelle Essence,
Qui, de ses propres mains, a bâti l'Univers.
Je bénis l'Eternel, dont mille effets divers
Font éclater la gloire & la magnificence.

A tout ce qui respire il donna la naissance;
Il suspendit la Terre, il étendit les Airs;
Il fit les Jours, les Nuits, les Etés, les Hivers;
Et du lambris des Cieux forma le tour immense.

Mais, de quelle matiere, & par quels instrumens,
Composa-t-il alors ces riches Bâtimens,
Qui nous font admirer sa puissance suprême?

De Rien tu fis ce Tout, par ta divine Voix.
Tout-puissant Créateur, tu trouvas en toi même,
La Substance, la Forme, & l'Ordre que j'y vois.

---

4. Saint Paul représente les Ouvrages de Dieu, comme des *Tableaux visibles de sa Divinité*; & le Roi-Prophete attribue également une *langue* & une *voix* aux *Cieux*, au *Jour* & à la *Nuit*, pour publier la gloire du Créateur. Plutarque même, quoique Payen, dit que *la perfection & le bel ordre de l'Univers condamnent ouvertement l'impiété des Athées.*

12. *Dieu a parlé*, chante le Psalmiste, *& la chose a eu son être.*

A 4

SONNET VI.

SUR LE MEME SUJET.

Bonté du Créateur.

SEigneur, n'avois-tu pas, de toute éternité,
Sur ton augufte front un pompeux diadême ?
Et ne vivois tu pas, dans ta grandeur fuprême,
Revêtu de Lumiere & d'Immortalité ?

Quel bien te manquoit-il, dans ta Divinité ?
Ton Pouvoir, ton Bonheur, n'étoit-il pas extrême ?
Et ne trouvois-tu pas, fans fortir de toi-même,
Tes délices, ta gloire, & ta félicité ?

Mais qui te porta donc, ô Puiffance très-fage,
A tirer du néant ce merveilleux Ouvrage,
Cette baffe Machine, & ce haut Firmament ?

C'eft ta feule Bonté qui fit la Créature :
Tu voulus, Dieu très-bon, marquer en la formant,
Sur l'œuvre de tes mains les traits de ta Nature.

---

5. C'eft pourquoi Dieu fe donne en fa Parole le nom admirable de *Schaddai*, qui ne fignifie pas feulement *Tout-puiffant* & *Invincible*, mais *celui qui fe fuffit à foi-même*, & dont l'abondance fe répand fur toutes les Créatures.

9. *Avant le Monde, Dieu étoit lui-même fon Occupation & fa Gloire.* Minutius Felix. *Avant toutes chofes, Dieu étoit à foi-même, & Monde, & Lieu, & toutes chofes.* Tertullien.

SONNET VII.

SUR LA DECOUVERTE DU NOUVEAU MONDE.

QUe ta foible Raison cede à l'Expérience;
Ecole détrompée, ouvre aujourd'hui les yeux;
Voi le double Hémisphere, environné des Cieux;
Et d'un si vaste tour admire l'excellence.

Tu me blesses le cœur, nouvelle Connoissance.
Dans un Monde nouveau, je trouve un Monde vieux;
Vieille Race d'Adam, esclave des faux Dieux;
Rebelle au Créateur, objet de sa vengeance.

Toi, qui fis le Soleil en formant l'Univers,
Répans, par ton Esprit sur ces Peuples divers,
Du mystique Soleil la clarté salutaire.

Que la Croix de leur Ciel leur serve d'un Flambeau,
Qui les mene à Jésus mourant sur le Calvaire:
Et les rechange encore en un Monde nouveau.

---

2. Un docte Prélat du huitieme Siecle, nommé *Virgile*, fut accusé d'héréfie, & jugé digne d'excommunication, par le Pape Zacharie, pour avoir cru les Antipodes.
5. L'Amérique ne fut découverte qu'en mille quatre cens quatre-vingt-douze, par *Christofle Colomb*, Génois, & en 1497 par *Améric Vespuce*, Florentin, qui lui donna le nom d'*Amérique*.
12. C'est la *Croisée* ou la *Croisade*, belle Constellation du Ciel de l'Amérique, composée de quatre Etoiles en forme de Croix.

SONNET VIII.

SUR LES ANGES.

COnfidérez, Mortels, ces Efprits glorieux,
Qui contemplent toujours les Beautés adorables;
Qui promts, ardens, légers, volent en mille lieux
Et qui font du grand Roi les Hérauts redoutables.

Voyez leurs ailes d'or, leurs habits précieux;
Leurs glaives flamboyans, leurs exploits admirables
Leurs emplois ici-bas, leurs places dans les Cieux;
Leurs vertus, leur pouvoir, leurs troupes innombrables.

Figurez-vous, enfin, la célefte Beauté,
La lumiere, le feu, l'éclat, la majefté,
De ces chers Favoris du Monarque invifible.

Et fi le Dieu vivant, qu'ils fervent nuit & jour,
Dans fa Gloire infinie eft incompréhenfible,
Comprenez fa Grandeur par celle de fa Cour.

---

1. Les Payens diminuoient la gloire des Anges, en les tenant pour mortels; mais ils la portoient à l'excès, en les
eftimant éternels. Ils leur attribuoient auffi des corps fub-
tils & imperceptibles, comme l'Air & le Vent: ce que
font même quelques anciens Docteurs de l'Eglife.
5.& 6. Ils empruntent des corps dans leurs Apparitions; &
l'Ecriture, auffi-bien que les Peintres, leur donnent des
ailes, des habits, & des épées.

SONNET IX.

SUR L'ESPRIT MALIN.

NAture, prête-moi tes plus noires couleurs :
Fourni pour mon Tableau le fang d'une Panthere,
Le venin d'un Dragon, le fiel d'une Vipere,
D'un Crocodile, enfin, & l'écume & les pleurs.

Je veux peindre aujourd'hui l'Artifan desMalheurs,
Le Lion, le Serpent, le Monftre fanguinaire,
Qui nous fit tous mortels, en tuant notre Pere,
Et par lui nous caufa d'éternelles douleurs.

Il nous ouvrit la voie aux infernales flammes,
Et ce Bourreau cruel & des corps & des ames
Détruifit, d'un feul coup, le bonheur des Humains.

C'eft à toi-même, ô Dieu, que Satan fit l'outrage;
L'Homme eft ta reffemblance,& l'œuvre de tes mains:
Venge l'Original, en fauvant fon Image.

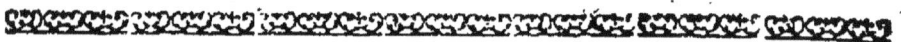

---

5. Le Prince des Démons, qui font en fi grand nombre,
que, felon St. Jérôme, quand ils n'auroient que les corps
des plus petits Oifeaux, ils couvriroient le Soleil.
10. On dit qu'il bat & qu'il meurtrit horriblement les Sau-
vages. Les Chinois, & d'autres Peuples d'Orient & d'Occident, l'adorent par la crainte qu'ils ont de fa cruauté.
*La haine qu'il porte à Dieu, dit St. Auguftin, l'anime contre
la pauvre Créature humaine. Il tâche de venger fur l'Image
le tort qu'il croit avoir reçu de l'Original.*

SONNET X.

SUR L'HOMME

Image de Dieu.

QUand, des yeux de la Foi, je vois le premier Age,
Où tu formas de l'Homme & l'esprit & le corps,
Je te bénis, Seigneur, tout-puissant & tout-sage,
Qui dans ce composé versas tant de trésors.

Ce fut-là ton chef-d'œuvre, & ton plus noble ouvrage,
Dont le rare artifice, & les nombreux ressorts,
Expriment clairement les traits de ton Image,
Et causent dans mon cœur de célestes transports.

Eternel, si dans moi ton Image est empreinte,
Qu'admirant ton pouvoir, je profite en ta crainte,
Et je t'offre les vœux de ma fidélité.

Que mon cœur, pour t'aimer, devienne tout de flam-
Et que, pour rendre hommage à ta Divinité, (me:
Je consacre à ta gloire, & mon corps, & mon ame.

---

2. Galien dit, *qu'en reconnoissant Dieu pour l'Auteur de tou-*
te la belle œconomie de notre corps, il est assuré de lui chan-
ter une Hymne beaucoup plus agréable que ne lui seroient tou-
tes les Victimes & tous les Parfums.

9. Allusion au mot de J. C. *Rendez à César, &c.* C'est-à-
dire, selon St. Augustin: *César exige de nous cette impres-*
sion de son Image; & Dieu vous demande l'impression de la
sienne, qui est votre ame, dans son essence, dans ses facul-
tés, & dans ses habitudes.

SONNET XI.

SUR LE MEME SUJET.

Petit Monde.

POrtrait de la Divine Effence,
Incomparable Bâtiment,
Où l'Eternel, en le formant,
Déploya fa toute-puiffance :

   Simple Etre, par ton exiftence ;
Plante, par ton accroiffement ;
Animal, par ton fentiment ;
Ange, par ton intelligence :

Temple vivant, Monde abrégé,
Où le Créateur a logé
Tant de différentes Images :

Chef-d'œuvre admirable & divers ;
Homme, rends à Dieu les hommages
Des Etres de tout l'Univers.

---

1. *Sa beauté publie que Dieu eft fon Auteur ; & quelle figure ferai-je à Dieu , puisqu'à le bien prendre, l'Homme lui-même eft fa figure ?* (Minutius Felix.) *C'eft un Miracle qui furpaffe de bien loin & les Elémens , & le Ciel même,* difent quelques Anciens. Et d'autres le qualifient, *Animal Divin, Etincelle de Dieu, Temple de Dieu, Roi du bas Univers , Dieu vifible, Dieu mortel , Merveille du Monde, Monde de Merveilles, & Microcofme,* c'eft-à-dire, *Petit Monde.*

SONNET XII.

SUR LA JEUNESSE.

Jeunesse, ne sui point ton caprice volage :
Au plus beau de tes jours, souvien-toi de ta fin.
Peut-être verras-tu ton soir dans ton matin,
Et l'hiver de ta vie au printems de ton âge.

La plus verte Saison est sujette à l'orage ;
De la certaine mort le tems est incertain ;
Et de la fleur des Champs le fragile destin
Exprime de ton sort la véritable image.

Mais veux-tu dans le Ciel refleurir pour toujours ?
Ne garde point à Dieu l'hiver, qui des vieux jours
Tient sous ses dures loix la foiblesse asservie.

Consacre-lui les fleurs de ton jeune printems,
L'élite de tes jours, la force de ta vie ;
Puisqu'il est & l'Arbitre & l'Auteur de tes ans.

---

1. *Que ta Jeunesse soit celle d'un Vieillard, c'est-à-dire, qu'elle soit accompagnée de sagesse,* dit St. Augustin.
6. *Qu'y a t-il de certain en cette Terre, que la mort, dont l'heure même est incertaine ?* St. Augustin.
8. *Notre vie se flétrit comme une fleur.* Le même. *Cette fleur se seche pendant que nous parlons.* Pétrarque.
12. *La Jeunesse est une Couronne de Roses,* disent les Rabins.

SONNET XIII.

SUR LA VIEILLESSE.

PAuvre Homme, dont la force est la force d'un
    verre ;
Vieillard foible & tremblant, à toi même ennuyeux,
A qui tant d'ennemis font ensemble la guerre,
Ne veux-tu point songer à quitter ces bas lieux ?

Ne sens-tu point la mort, qui te suit, qui te serre ?
As-tu perdu l'esprit ? & ton cœur vicieux,
Endurci par les ans, & tenant à la Terre,
N'a-t-il ni mouvement, ni chaleur pour les Cieux ?

Voi ces Monts sourcilleux, dont les cimes chenues
Portent leur front de neige à la hauteur des nues,
Et dont le sein répand un déluge de feux.

Ainsi, pour t'élever à la gloire éternelle,
La neige sur le poil, le cœur brûlant de vœux,
Corrige ta froideur, par le feu de ton zele.

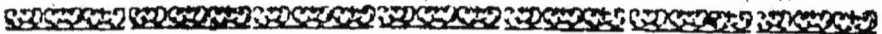

---

1. C'est un Pot cassé, & la Vieillesse est une Couronne d'Orties, disent les Juifs.
9. Ce sont les trois Montagnes d'Islande, *Helga*, *Hécla*, & la Croix.
13. La Montagne est devenue neige, disent les Rabins, en parlant d'une tête blanche. *Que ta Vieillesse blanchisse des cheveux blancs de la sagesse & des bonnes œuvres ; & qu'il ne s'y trouve aucune noirceur de Péché.* St. Augustin. *La Vieillesse a assez d'autres laideurs, n'y ajoute point celle du Vice.* Caton.

SONNET XIV.

SUR LES ANIMAUX.

DEs Eaux, de la Terre, & des Airs,
Richeffe & merveille infinie ;
Hôtes qui peuplez l'Univers,
Vieille & féconde Colonie :

Que dans vos logemens divers,
La Difcorde en étant bannie,
Pour louer Dieu, vos cœurs ouverts
Faffent une fainte harmonie.

Mortel, béni fa Majefté ;
Il produifit, par fa bonté,
Tant d'Animaux pour ton ufage.

Mais qu'il te fouvienne aujourd'hui,
Que formant pour toi cet ouvrage,
Ses mains te formerent pour lui.

1. C'eft-à-dire, les Poiffons, les Bêtes, & les Oifeaux.
5. Allufion aux divers logemens, & à l'union des Animaux renfermés dans l'Arche, au tems du Déluge : c'eft le Concert du Pf. CXLVIII.
9 & fuiv. *Tu as créé tous les biens fenfibles pour fon corps, le corps pour l'ame, & l'ame pour toi,* dit St. Auguftin.
14. *Tu as voulu, Seigneur, que toute la Nature fût à l'Homme, afin que l'Homme fût tout à toi.*

SONNET XV.

SUR LES ARBRES ET LES PLANTES.

OUvrages merveilleux du Dieu de la Nature;
Hauts Cedres, dont le front s'éleve juſqu'aux Cieux;
Baſſe Hyſope, Arbriſſeaux, Baume, Encens précieux;
Et de l'Herbe des Prés éternelle verdure:

Parterres émaillés, vivante Enluminure,
Qui charmez l'odorat, en raviſſant les yeux;
Fils de Nature & d'Art, Jardins délicieux;
Plantes pour la ſanté, Fruits pour la nourriture:

Vos beautés, il eſt vrai, préſentent à mes ſens,
Par la bonté du Ciel, des plaiſirs innocens.
Mais, à l'inſtant, je ſonge au ſort du premier Homme.

Je vois le triſte objet du Jardin plein d'appas,
Où le poiſon mortel de la fatale Pomme
Saiſit le cœur d'Adam, & cauſa ſon trépas.

---

2. On a vu dans la Nouvelle Eſpagne un Cedre qui tenoit mille hommes à l'ombre ſous ſes branches.
13. Le fruit défendu à Adam s'appelle communément une *Pomme*, mais on ne ſait paſ préciſément ce que c'eſt; & il y en a qui tiennent que ce pourroit bien être ce beau & délicat fruit des Indes, que l'on nomme *Figue a'Adam*, ou *Pomme de Paradis*, qui étant coupé montre la figure d'une Croix, & qui a des feuilles de plus d'une aune. Ce qui donne lieu à diverſes conſidérations.

B

SONNET XVI.

SUR LES CIEUX.

HAuts & vastes Lambris, d'éternelle structure ;
Incorruptibles Cieux, divins Compartimens ;
Voûtes d'argent & d'or, superbes Bâtimens,
Dont, sans art, Dieu forma la noble Architecture :

Globes, de si parfaite & si riche figure ;
Si constans, si légers, en tous vos mouvemens ;
Qui dans votre ample sein logez les Elémens,
Et qui servez de comble à toute la Nature :

De votre auguste front quand je vois la rondeur,
Les graces, les trésors, la pompe, & la splendeur,
Les diamans, l'azur, le crystal, & la flamme ;

Percé de vos rayons, ébloui de vos feux,
Je ne puis retenir ce transport de mon ame :
O que le Maître est grand, qui vous fit si pompeux !

---

2. Nonobstant cette incorruption, les plus anciens Docteurs
ont cru que le Ciel étoit d'une matiere élémentaire, tenant de la nature de l'Eau & de l'Air.

5. La figure ronde est un emblême de la Divinité, tant elle
est noble & excellente. Aussi est-ce la figure, qui com-
parée à toute autre de même circonférence, comprend
le plus grand espace, & où il n'y a ni commencement,
ni fin.

14. La beauté du Ciel nous fait voir qu'il y a un Dieu (Galien) : & son mouvement est l'*Harmonie* de *Pythagore*,
qui nous publie la gloire de son Créateur.

SONNET XVII.

SUR LE SOLEIL.

FLambeau de l'Univers, charmant Pere du Jour,
Globe d'or & de feu, Centre de la Lumiere,
Admirable Portrait de la Caufe premiere;
Tu fais de la Nature & la joie & l'amour.

Comme un fuperbe Roi, qui brille dans fa Cour,
Couronné de rayons, en ta haute carriere,
Des portes d'Orient tu franchis la barriere,
Pour vifiter le Gange, & le Pô, tour-à-tour.

Ainfi, marchant toujours dans ta pompe royale,
Et courant de l'Aurore à l'Inde Occidentale,
Tu répans en tous lieux ton éclat fans pareil.

Mais, fi je te compare au Dieu de la Nature,
Dont tu n'es, après tout, que la foible peinture,
Ton éclat n'eft qu'une ombre, & tu n'es plus Soleil.

1. Communément eftimé cent foixante-fix fois plus grand
que la Terre.
3. Un Philofophe Payen, nommé *Eudoxe*, en étoit fi amoureux, qu'il fouhaitoit de pouvoir le contempler de près,
quand il lui en eût dû à l'inftant coûter la vie : & l'Idolâtrie la plus ancienne & la plus univerfelle eft celle du
Soleil.
5. Les Orientaux l'appelloient *Bel* ou *Baal*, & *Molec*, c'eft-
à-dire *Roi*.
8. Fleuves, des Indes en Orient, & d'Italie en Occident.
10. On tient qu'en une heure le Soleil fait un million de lieues.

SONNET XVIII.

SUR LA LUNE.

SOeur de l'Aftre du jour, vigilante Courriere,
Tu regnes fur les Eaux, & d'un cours diligent,
Sous un lambris d'azur, dans un trône d'argent,
Tous les mois tu fournis ton illuftre carriere.

Tu paffes, tour-à-tour, l'un & l'autre Hémifphere :
Et lorsqu'on voit ton Frere en l'onde fe plongeant,
Par différens afpects, ton vifage changeant,
En dépit de la nuit ramene la lumiere.

Mais, ô belle Planete! où ton vifage luit,
Regnent pourtant toujours les ombres de la nuit ;
Et ta foible clarté n'en peut rompre les voiles.

Quand pourrai-je monter jufqu'au brillant Séjour,
Où, fans Ombre, fans Nuit, fans Lune, & fans Etoiles,
Du Soleil éternel je verrai le grand jour!

---

1. Mais les Chinois, & quelques autres Orientaux, difent
agréablement. que le Soleil & la Lune font le Mari &
la Femme, & que les Etoiles font leurs Enfans.
4. Sa renaiffance nous repréfente chaque fois la Réfurrec-
tion. (*St. Auguftin.*)
8. Quelques-uns l'ont fort bien nommée *le petit Soleil*, ou
le *Vicaire du Soleil*. Mais dans fon Eclipfe les Barbares
tremblent, & font des lamentations.
10. C'eft pourquoi *Théophrafte* a raifon de l'appeller *le foible
Soleil.*

SONNET XIX.

SUR LES ELE'MENS.

FReres, de qui toujours la parfaite harmonie
Regne, fans s'altérer, dans vos vieux différends :
Grands Corps, de fiecle en fiecle affermis en vos rangs,
Dont tous les autres Corps fentent la tyrannie :

Elémens féparés, dont la force eft unie ;
Fixes, mouvans, légers, pefans, actifs, fouffrans ;
Chauds, froids, humides, fecs, obfcurs, & tranfparens ;
Qui marquez du grand Dieu la fageffe infinie :

Peres & Deftructeurs de tant d'Etres divers,
Qui naiffant & mourant dans ce vafte Univers,
Éprouvent de vos loix la fatale puiffance :

Heureux, qui ne craint plus l'atteinte de vos coups ;
Et qui fur tous les Cieux, loin de votre inconftance,
Peut vivre, refpirer, & fe mouvoir, fans vous !

2. C'eft l'Antipathie naturelle des Qualités Elémentaires, que l'Auteur de la Nature a fi fagement tempérées, que pour y entretenir l'ordre & la paix, chaque Elément eft joint à i Elément voifin, par une qualité commune à l'un & à l'autre. Les Payens figuroient cet admirable accord par la Lyre de leur Orphée.

9. Les Elémens font les Principes de la Génération & de la Corruption de tous les Corps mixtes, ou compofés, & c'eft ce qui les a fait adorer par les Payens.

SONNET XX.

SUR LE FEU.

COrps fubtil, Elément fuprême,
Qui, logé fous le Firmament,
Sans travail dans ton mouvement,
Te nourris toujours de toi-même:

Ton Frere, d'une ardeur extrême,
Efclave au terreftre Elément,
Volant aux Cieux inceffamment,
Montre qu'il te cherche, & qu'il t'aime.

Mais par ce vol précipité,
S'échappant de captivité,
Il femble qu'il dit à mon ame:

Ame, étrangere en ce bas lieu,
Que n'as-tu des ailes de flamme,
Pour voler fans-ceffe à ton Dieu!

1. C'eft le Feu Elémentaire, que l'on s'imagine dans la concavité du Ciel de la Lune.

5. C'eft notre Feu commun & ordinaire, qui tend toujours en-haut. Mais le Feu Elémentaire a auffi un autre Frere, renfermé dans les entrailles de la Terre, comme nous le montrent, entre autres, les Monts *Gibel* & de *la Somma*.

13. *Une ame, embrafée de la charité de Dieu, a des ailes de flamme, pour voler d'un faint amour au Seigneur.* St. Auguftin.

SONNET XXI.

Sur l'Air.

VAſte Elément, Ciel des Oiſeaux ;
Corps léger, ſubtile Peinture ;
Maiſon, dont la fine ſtructure
Comprend trois étages ſi beaux :

Riche Tente, dont les rideaux,
Par le Maître de la Nature,
Sont étendus pour couverture,
Et ſur la Terre, & ſur les Eaux :

Miniſtre du grand Luminaire ;
Hôte fide'e, & néceſſaire ;
Cauſe, qui produis tant d'Effets :

Meſſager de Calme & d'Orage,
Je vois dans ton ſein le paſſage
Qui mene à l'éternelle Paix.

─────────────────────────────

1. L'Air eſt cent mille fois plus grand que tout le Globe de la Terre & de l'Eau, ſelon les Obſervations de quelques Philoſophes modernes.
2. On prétend prouver aujourd'hui combien peſe toute la maſſe de l'Air.
4. Ce ſont les trois Régions de l'Air, dont la ſupérieure eſt la plus belle.
12. Les plus hautes Nuées ſont à la diſtance d'environ quatre lieues d'Italie ; & les plus baſſes, quand il pleut, à la hauteur de demi. lieue.

SONNET XXII.

SUR LE TONNERRE ET LA FOUDRE.

COurier de la haute Vengeance,
Miniftre de Dieu, dont la voix
Nous fait fentir, tout à la fois,
Et fa juftice & fa puiffance :

Glaive de feu, divine Lance,
Bras étendu du Roi des Rois,
Qui des Infracteurs de fes Loix
Viens punir l'ingrate infolence :

Tonnerre & Foudre, votre bruit
Du courroux du Ciel nous inftruit,
Et trouble toute la Nature.

Mais quand Sina reçoit vos coups,
La voix de Sion nous affure,
Que la Paix eft faite pour nous.

2. Un Concile d'Efpagne anathématifa certains Hérétiques, qui difoient que la Foudre n'étoit qu'une œuvre du Diable, & non pas de Dieu. Au contraire les Mofcovites & les Péruviens l'adoroient comme une Divinité.

7. De-là vient que l'impie *Caligula*, à l'ouïe du Tonnerre, s'alloit cacher fous fon lit.

11. Il ne pleut pourtant, ni ne tonne jamais, dans toute la Côte du Pérou.

12. & 13. Oppofition de la publication de la Loi à celle de l'Evangile.

SONNET XXIII.

SUR L'ARC-EN-CIEL.

E bel Aſtre du jour, dans le ſein de l'orage,
Nous forme tout-à-coup ce lumineux Tableau,
t, tout-à-coup auſſi, le couvrant d'un rideau,
l dérobe à nos yeux ſon inconſtant ouvrage.

De ce Peintre brillant la toile eſt le nuage;
Ses rayons réfléchis lui ſervent de pinceau:
Il prend pour ſes couleurs, l'or, l'azur, le feu, l'eau;
Et la vapeur commence & finit cette Image.

Fragiles ornemens, éclat foible & trompeur,
Paſſageres beautés, filles de la Vapeur,
Des faux Biens d'ici-bas vous peignez l'inconſtance.

Par les mêmes couleurs, & par les mêmes traits,
Vous imprimez la Crainte, & donnez l'Eſpérance;
Vous annoncez la Guerre, & vous marquez la Paix.

---

2. On eſtime que le diametre, ou l'étendue de ce Tableau, eſt de demi-lieue. Il paroît toujours du côté oppoſé à celui où il ſe forme, comme on en voit l'expérience au-travers d'une fiole d'eau oppoſée au Soleil. Les Péruviens étoient ſi charmés de la beauté de cette Image, qu'ils l'adoroient; & les Caraïbles Inſulaires la nomment aſſez plaiſamment *le Pennache de Dieu*.

14. La *Guerre* eſt l'orage, & la *Paix* eſt l'aſſurance contre le Déluge.

B 5

SONNET XXIV.

SUR LES VENTS.

VOix fans poûmons, Corps invifible;
Lutins volans, Char des Oifeaux;
Vieux Couriers, Poftillons nouveaux,
Sur Terre & fur Mer fi fenfibles:

Doux Médecins, Bourreaux terribles;
Maîtres de l'Air, Tyrans des Eaux,
Qui rendez, aux craintifs Vaiffeaux,
Les ondes fieres, ou paifibles:

Vents, qui dans un cours inconftant,
Naiffez, & mourez chaque inftant;
Mes jours ne font qu'un vent qui paffe:

Mon corps fait naufrage en la mort,
Mais Dieu, du foufle de fa Grace,
Pouffe mon ame dans le port.

___

3. Ils courent en droite ligne, ou bien ils tournent en rond.
L'Empereur *Verus* donnoit à fes Couriers les noms des
Vents, & leur faifoit appliquer des ailes.
5. Il y a des Vents agréables & falutaires, comme ceux que
l'on nomme *Zéphyrs*. Mais il y en a d'autres qui font
cruels & meurtriers, comme ces Vents du Pérou, qui
font vomir jufqu'au fang, & qui tuent fubitement. C'eft
pourquoi les Payens facrifioient aux Vents, pour fe les
rendre favorables.

SONNET XXV.

SUR LA MER.

'Admire, en te voyant, la source dont tu sors ;
Les biens que tu produis, & les biens que tu pilles ;
Et la robe d'argent, dont parfois tu t'habilles,
Lorsque les Vents émus troublent ton vaste corps.

Qui pourroit de ton sein compter tous les trésors,
De tes divers poissons les nombreuses familles ;
Les Perles, l'Ambre-gris, le Corail, les Coquilles,
Que ton bruyant courroux étale sur tes bords ?

Sur-tout, je dois bénir la Puissance adorable,
Qui dompte ta fureur avec des grains de sable,
Et dont la sage main ton flux a limité.

Mais, quand dois-je aborder cette Mer Pacifique,
Sans tempête, sans flots ; où dans l'Eternité,
L'on voit ce que la Gloire a de plus magnifique !

4. La Mer dispute d'étendue avec la **Terre** ; & sa profondeur est ordinairement de demi-lieue d'Italie ; mais elle a des gouffres impénétrables.

7. Les Naturalistes d'aujourd'hui disent que l'Ambre-gris est un ouvrage commencé par les Abeilles dans les Rochers, & achevé par la Mer.

12. Allusion à la *Mer du Sud*, nommée la *Mer Pacifique*, & à la *Mer de verre*, qui est représentée dans l'Apocalypse.

SONNET XXIV.

SUR LES FONTAINES ET LES RIVIERES.

VErres tremblans, Miroirs liquides,
  Flots d'argent, Veines de cryſtal,
Qui de votre coulant métal
Humectez les terres arides:

  Canaux, dont les ondes rapides,
S'enfuyant de leur lieu natal,
Roulent, par un ordre fatal,
Dans le ſein des plaines humides:

  Beaux Fleuves, Ruiſſeaux précieux,
Où le brûlant Aſtre des Cieux,
Se baignant, amortit ſes flammes;

  Qu'êtes-vous pour charmer les cœurs,
Au prix de la Source où les ames
Puiſent d'éternelles douceurs?

---

1. Dans la Nouvelle Eſpagne on voit une Source de couleur
d'encre. Au Pérou il y a une Fontaine rouge comme du
ſang: deux autres, dont l'eau ſe change, l'une en pierre,
& l'autre en ſel, en coulant: & une autre qui a deux canaux, l'un d'eau bouillante, & l'autre d'eau froide. On dit
qu'en Cappadoce il y a un Lac qui pétrifie les corps. Pline
aſſure qu'en Méſopotamie il ſe trouve une Fontaine de
ſouéve odeur. Et le Fleuve des Amazones eſt ſi beau, que
ſon embouchure excede la largeur de la Mer Méditerranée.

SONNET XXVII.

SUR LA NAVIGATION.

ARtifice étonnant, vaste témérité !
Les Mortels se sont fait des maisons vagabondes ;
Et d'un trafic douteux cherchant l'utilité,
Sur le fier Elément traversent les deux Mondes.

Un Vaisseau jusqu'au Ciel, par les flots, est porté,
Puis tout-à-coup il cede au caprice des ondes,
Et jusques dans l'abîme étant précipité,
Il est comme englouti dans les vagues profondes.

Ah ! si l'ardente soif d'acquérir des tréfors,
Dangereux aux vivans, inutiles aux morts,
Fait quitter la Patrie, & braver la Mort même ;

Chrétien, ne dois-tu pas, par des projets plus hauts,
Pour gagner les tréfors de la Gloire suprême,
Quitter les biens du Siecle, & braver tous les maux ?

---

2. Les Anciens, ignorant la Boussole, n'étoient que des Enfans dans la Navigation.
3. La convoitise du gain a inventé les Navires, dit l'Auteur du Livre de *la Sagesse*.
11. *Anacharsis* disoit de ceux qui sont sur la Mer, *qu'il n'y avoit que l'épaisseur d'une planche entre eux & la mort*, & il balançoit à les compter entre les vivans.
14. Avec quel travail & quelle peine ne mérite pas d'être acquis le repos qui ne finira jamais ? *St. Augustin.*

SONNET XXVIII.

SUR LA TERRE.

MAison des Bergers & des Rois;
Corps, à qui la Cause premiere,
Sans autre organe que sa voix,
Donna la forme & la matiere :

Machine, assise sur ton poids ;
Sans Art, admirable Ouvriere ;
Dont le Créateur, par ses Loix,
Rendit féconde la poussiere :

Mere des Vivans & des Morts,
Qui, les mains pleines de trésors,
Me fais voir ta riche abondance :

Envain tu prétens m'engager ;
Mon corps a chez toi pris naissance,
Mais mon cœur s'y trouve étranger.

---

1. Vaste maison, puisqu'elle a dix mille huit cens lieues de tour.

9. Les Anciens ont dit que la Terre avoit été mariée avec le Ciel pour la génération des choses Ils l'honoroient sous divers noms. Il semble que celui de *Rhéa*, qui signifie *Mere*, représentoit *Eve*, la Mere de tous les Vivans.

14. Comme on reprochoit à *Anaxagore* d'avoir méprisé son Pays, il dit, en montrant du doigt le Ciel, qu'*au contraire il en avoit un fort grand soin.*

SONNET XXIX.

Sur l'Or.

Vieux Tyran, d'obſcure naiſſance;
　Brillant & pâle Séducteur;
Subtil & volage Enchanteur;
Sujet de trouble & d'inſolence :

　Vaine Idole, dont la puiſſance
Souſtrait les cœurs au Créateur;
Métal, de tant de maux l'auteur;
Objet de crainte & d'eſpérance :

　Or fatal, tu viens de l'Enfer,
Pour nous faire un Siecle de fer,
Dans le riche Siecle où nous ſommes.

　Mais, ô Vertu, rare Tréſor !
Si tu deſcendois ſur les Hommes,
On reverroit le Siecle d'or.

---

1. On trouve de l'Or en trois manieres. En pepin & en pierre dans les Mines & dans quelques Puits fort profonds, mais en poudre dans des Torrens & des Rivieres.

4. Alluſion à la Pomme de diſcorde des anciens Poëtes.

7. Il ſemble que pour nous ſignifier cette vérité, la Nature a mêlé l'or avec le poiſon de l'antimoine, dans les Mines

14. C'eſt-à-dire un Siecle d'Abondance, de Paix & de Juſtice.

SONNET XXX.

SUR LES PIERRES PRECIEUSES.

QUoi ! fort-il tant de feux, de rayons, de lumieres,
D'un fi froid, fi groffier, & fi noir Elément ?
Et tant d'Aftres, naiffans dans ces fombres Carrieres,
Font-ils donc de la Terre un fecond Firmament ?

Minéraux éclatans, terreftres Luminaires,
Dont la tête des Rois brille fuperbement,
Je ne puis vous compter que pour des biens vulgaires,
Et pour moi votre éclat n'eft qu'un foible ornement.

Invifible Soleil, qui donnas l'être au Monde,
Vien former dans mon cœur, par ta vertu féconde,
Pour céleftes joyaux, l'Efpérance & la Foi.

Mais que, ceffant un jour d'efpérer & de croire,
J'obtienne dans ton Ciel, & poffede avec toi,
La Couronne fans prix des rayons de ta Gloire.

2. Les Minéraux fe produifent dans les entrailles de la Terre, où avec le tems ils croiffent & fe forment, par la
vertu du Soleil & des autres Planetes.
7. Le Commun‑peuple, & les Chevaux, en font ornés au
Pays où en font les Mines. Mais Nonius Sénateur Ro-
main eftimoit tant fon Opale, qu'il aima mieux s'expofer
à perdre la vie, que de la donner à Antoine.
11. L'Emeraude eft l'emblême de l'Efpérance, & le Diamant
l'eft de la Foi.

SONNET XXXI.

SUR LA PIERRE D'AIMANT.

CE groſſier Minéral, ſous ſa noire apparence,
Renferme dans ſon corps une vertu ſans prix.
Que le Simple & le Sage, également ſurpris,
En viennent de concert admirer l'excellence.

Des Siecles précédens la foible connoiſſance
Son plus rare ſecret n'avoit jamais compris :
C'eſt vous, Siecles nouveaux, qui nous avez appris
De ce riche ſecret l'heureuſe expérience.

Grand Dieu, qui fis ainſi, par tes puiſſantes mains,
Sur le vaſte Océan une route aux Humains,
Tantôt pour le Commerce, & tantôt pour la Guerre.

Mon cœur flotte, & s'égare en ce bas Elément :
Et, comme un poids de fer il s'attache à la Terre.
Que ta Loi ſoit ſon pole, & ton Ciel ſon aimant !

---

1. L'Aimant ſe tire des Mines de Fer, noir comme le fer,
mais plus dur & plus peſant. On dit que, par le moyen
du fer, on le peut convertir en acier très-fin.
5. Les Anciens avoient bien connu la vertu qu'il a d'attirer
le fer, même au travers d'une muraille ; mais ils avoient
ignoré ſon admirable propriété de tourner toujours un certain côté vers le Nord, & l'autre vers le Sud, & de com-
muniquer cette vertu aux aiguilles des Bouſſoles. On ne
ſait pas bien le tems de cette découverte.

C

SONNET XXXII.

SUR LE RENOUVELLEMENT DE L'ANNE'E.

DOnques l'Aftre du Jour, diligent & fidele,
Ayant d'un cours égal, dans fes hautes maifons,
Formé les douze Mois, & les quatre Saifons,
Entre, d'un air pompeux, dans fa courfe nouvelle.

Et puis la fiere Mort, avec fa faux cruelle,
Menaçant de nos nerfs les foibles liaifons,
Sans écouter ni vœux, ni plaintes, ni raifons,
D'une voix importune, au tombeau nous appelle.

Le Tems fuit, & s'envole ; & d'un rapide cours,
Emportant fur fon aile & nos ans & nos jours,
Il n'en laiffe après foi, ni l'ombre, ni la trace.

Je meurs donc en vivant: mon Dieu c'eft-là mon
fort.
Fai-moi vivre en ta crainte, & mourir en ta grace,
Pour braver dans la Gloire, & le Tems, & la Mort.

2. C'eft par-là qu'un Roi du Pérou jugea fort bien que le Soleil avoit un Maître.

3. L'Emblême de l'An, parmi les Egyptiens, étoit un Serpent tourné en rond, & mordant fa queue. On dit qu'ils ont les premiers divifé l'An en douze mois. Les quatre Saifons, dans les Poëtes, font les quatre Chevaux attelés au Char du Soleil.

9. Platon dit qu'il y a deux chofes, dont l'une eft toujours, & ne fe fait jamais, qui eft Dieu ; l'autre fe fait toujours, & n'eft jamais, qui eft le Tems.

SONNET XXXIII.

SUR LE PRINTEMS.

JEune & cher Favori de la sage Nature,
Qui de l'âpre Saison viens finir les rigueurs,
Qui parfumes notre air de tes douces odeurs,
Et qui rends à nos Bois leur belle chevelure:

Grands & riches Tapis de riante verdure:
Roses, Jasmins, Oeillets, pompeux amas de Fleurs:
Incomparable Email des plus vives couleurs,
Qui, sans art, surpassez les traits de la Peinture:

Petits Hôtes de l'Air, qui, poussant vers les Cieux
D'un concert naturel les sons mélodieux,
Charmez si doucement les ames par l'oreille:

BeauPrintems,dont l'aspect fait un Monde nouveau:
Si du haut Paradis je conçois la merveille,
Ta face est sans attraits, & tu n'as rien de beau.

1. Entre les Payens, *Hébé*, Déesse de la Jeunesse, représentoit le Printems.
8. La Nature alors est un Peintre, & dans la joie qu'elle a de sa fécondité, elle prend plaisir à se jouer ainsi en une infinité de manieres. [*Pline.*]
13. Le Jardin du Ciel est toujours vert & fleurissant. C'est le Paradis des Beautés & des Délices éternelles, (dit *St. Augustin*) C'est-là que sont les Prés toujours odorans, & les Parterres toujours enrichis des divines fleurs, (dit l'Epitaphe de *St. Hilaire* d'Arles.)

C 2

SONNET XXXIV.

SUR L'ETE'.

SAifon qui viens à nous, l'œil riant, les mains pleines:
Eté, qui chaque jour prens des charmes nouveaux:
J'admire tes habits, fi brillans & fi beaux:
Les fruits de tes Jardins, les troupeaux de tes Plaines:

La fraîcheur de tes Bois, l'ardeur de tes Arenes:
L'azur de ton Lambris, le cryftal de tes Eaux:
La pompe de tes Champs, l'orgueil de tes Côteaux:
Et de tes doux Zéphyrs les fubtiles haleines.

Je fuis ravi, fur-tout, du fort des Laboureurs,
A qui tu fais cueillir, après mille fueurs,
La riche Moiffon d'or, que le Ciel leur envoie.

Je feme, je travaille, & je pleure ici-bas;
Mais je dois, dans les Cieux, recueillir avec joie,
L'abondance des Biens qui fuivent le trépas.

━━━━━━━━━━━━━━━━━━━━━━━━━━━━━━

5. On fent, fur-tout, cette ardeur dans l'Arabie déferte, &
dans la Libye.
8. Petits Vents, fains & agréables, nommés *Zéphyrs*, c'eft-
à-dire, qui donnent la vie.
12. Semons en cette Vie, pleine de larmes, (dit *St. Auguftin.*) Que fémerons-nous ? Les bonnes œuvres. Cette Vie
eft une Vallée de larmes, où nous femons en pleurant.
Mais dans la Patrie Célefte nous moiffonnerons avec joie
le fruit de la femence, la couronne de la joie & de
l'allégreffe.

SONNET XXXV.

SUR L'AUTOMNE.

O Saison, qui de Dieu sagement ordonnée,
  Achèves de l'Eté les ouvrages divers :
Saison, qui devançant le froid de nos Hivers
A nous y préparer nous semble destinée :

  Saison, de mille biens richement couronnée :
Automne, qui fais voir, dans ce vaste Univers,
Du massif Elément tous les trésors ouverts ;
J'admire les beautés dont ta face est ornée.

Mais en flattant mes sens, crois-tu charmer mon cœur,
Avec tes riches dons, & ta douce liqueur ;
Ou remplir mes desirs, avec ton abondance ?

  Mon cœur languit toujours en ces terrestres lieux :
Sa plus sensible joie est dans son espérance :
Et le bien qu'il attend ne se trouve qu'aux Cieux.

---

4. Quelle sagesse, d'avoir tempéré l'Hiver & l'Eté par l'Automne & par le Printems, avec tant d'art & de justesse, que l'on passe doucement, & comme insensiblement, des ardeurs de l'un aux froideurs de l'autre ! (*Minutius Felix.*)

10. Les Manichéens avoient le vin en horreur, comme le venin du Dragon.

13. Mon espérance est dans la Terre des Mourans, mais ma portion est dans la Terre des Vivans. (*St. Augustin.*)

C 3

SONNET XXXVI.

SUR L'HIVER.

O Saifon, tout enfemble, & trifte, & rigoureufe!
   C'eft toi qui fais trembler les Bergers & les Rois:
Qui prives de verdure & les Champs & les Bois:
Et qui rends du Soleil la face ténébreufe.

Noire Fille du tems, ouvriere orageufe:
Horreur, qui jour & nuit retiens, durant trois mois,
La Nature en fyncope, & le Monde aux abois:
Hiver, dont le feul nom fait une image affreufe:

Expofer à mes fens tes frimats, tes glaçons,
Les ténebres, tes eaux, tes rigueurs, tes friffons,
Enfin, tes dures loix, tes affauts, tes tempêtes;

N'eft-ce pas m'exprimer, & la mort, & fes traits,
Qui, menaçant nos jours, & pendant fur nos têtes,
Font fentir à nos corps leurs funeftes effets?

---

1. Dans la Zone Torride, la feule différence des Saifons eft
le tems de la fechereffe, qui y fait l'Eté, & le tems des
pluyes, qui y fait l'Hiver; mais un Hiver verdoyant &
fans froid, & qui n'eft que comme un rafraîchiffement
de la Nature.

15. L'Hiver eft le tems de l'affliction, du fcandale, & de
l'amertume. C'eft ici notre Hiver. Quand fera-ce notre
Printems, & notre Eté? Lorfque Jéfus-Chrift, qui eft
notre vie, paroîtra. (St. Auguftin.)

SONNET XXXVII.

SUR LA PROVIDENCE.

Dieu Confervateur.

SAns le fecret concours de ta Divinité,
 Pére de l'Univers, Ame de la Nature,
On verroit ce grand Tout bientôt précipité
Dans fon premier chaos, & dans fa nuit obfcure.

Tu peux feul arrêter fon inftabilité :
Ton bras, par fa vertu, foutient ta créature ;
Et pour l'entretenir, ta libéralité,
Des tréfors de ton fein, produit fa nourriture.

Enfin, le Monde entier fubfifte par tes Loix :
Le plus fimple Berger, & le plus grand des Rois,
Eprouvent chaque jour ta bonté fouveraine.

Toujours fort, toujours fage, & toujours glorieux,
Ayant tout fait de rien, tu maintiens tout fans peine :
C'eft créer, tous les jours, & la Terre & les Cieux.

1. Dieu eft la Caufe prèmiere & univerfelle, qui intervient néceffairement dans toutes les Caufes fecondes & particulieres D'où vient ce que chante le Pfalmifte, que fi Dieu détourne fes yeux & retire fon efprit des Créatures, incontinent elles défaillent. Tu m'as tiré du néant : & fi ton fecours me manque, j'y retombe. (*St Auguftin.*)

13. *Epicure* ôtoit follement à Dieu fa Providence, pour le décharger de peine.

14. Quelques-uns ont fort bien nommé la Providence, une Création continuée.

SONNET XXXVIII.

SUR LE MEME SUJET.

Dieu Directeur.

PAr de fecrets refforts tu gouvernes le Monde,
    Grand Dieu, qui remplis tout par ton immenfité,
Rien ne peut arriver, fur la Terre & fur l'Onde,
Si tu ne l'as voulu de toute éternité.

O puiffant Créateur de la Machine ronde!
Ton Trône a pour appui la force & l'équité :
Et tu fais éclater ta fageffe profonde,
Dans le défordre même & dans l'obfcurité.

Tes propres Ennemis travaillent à ta gloire ;
Ils pouffent, de leurs mains, le char de ta victoire,
Et, contre leurs projets, ils font ta volonté.

Mais fi toujours elle eft, & fage, & jufte, & fainte,
Fai qu'en mes plus grands maux j'adore ta bonté ;
Et qu'en tout tems je garde & mon zele & ta crainte.

---

9. Le Démon, dans fa cruâuté, (dit *St. Auguftin*) eft entré
   au cœur de Iudas, a livré Jéfus-Chrift, & l'a crucifié.
   Mais Jéfus-Chrift crucifié eft la Rédemption du Monde.
   Qu'il eft beau de voir, par les yeux de la Foi, Darius,
   Cyrus, Alexandre, les Romains, Pompée, & Hérode, agir, fans le favoir, pour la gloire de l'Evangile !
   (*Pafcal.*) Dieu triomphe dans le Char de fa Providence ;
   & nous fuivons fon Char, ou comme libres, ou comme
   efclaves. (*St. Emile.*)

SONNET XXXIX.

SUR LE MEME SUJET.

Dieu Protecteur.

TA sagesse gouverne & la Terre & les Cieux:
Rien ne peut échapper à ta haute science:
Tout fléchit sous tes Loix, en tout tems, en tous lieux:
Tes yeux veillent pour moi; ton bras est ma défence.

Formateur des Humains, tout grand, tout glorieux,
Tu fus mon Protecteur, même dès ma naissance.
Loin de moi, vaine crainte, effroi pernicieux,
Si j'ai pour mon appui sa sainte Providence.

Tout cede, tout conspire au bien de ses Enfans:
Dans leur défaite même, il les rend triomphans;
Et leur jour se produit de leur nuit la plus noire.

O Tyrans, ô Démons, ennemis de mon sort!
Apprenez, qu'en souffrant je parviens à la gloire;
Et que j'obtiens la vie, au milieu de la mort.

---

7. Si Dieu a soin de toi, pourquoi te mets-tu en peine de toi-même? (*Socrate.*) Dieu est le Pere de tous les Hommes, mais il l'est sur-tout des Gens de bien. (*Alex.*)
10. Une voix de triomphe & de délivrance se fait ouïr sous les tentes des Justes, où leurs Ennemis ne s'imaginent que tristesses & désolation, parce qu'ils ne sentent pas les joies intérieures des Saints, remplis de l'espérance de l'avenir. (*St. Augustin.*)

FIN DU PREMIER LIVRE.

C 5

SONNETS
CHRETIENS.

LIVRE SECOND.

SUR DIVERSES

HISTOIRES

DU VIEUX

TESTAMENT.

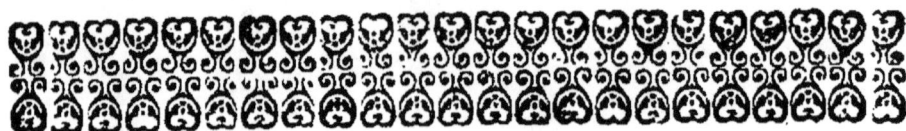

LIVRE SECOND.
SONNET I.
SUR L'ETAT D'ADAM ET D'EVE DANS LE PARADIS TERRESTRE.

O Couple bienheureux, à qui le Ciel envoie
Ce qu'il a de plus rare & de plus précieux;
Et qui, dans un Palais vaste & délicieux,
Vois commencer des jours filés d'or & de soie!

Que desire ton cœur? Sous toi l'Univers ploie:
Ton Sceptre est la Raison: tes Gardes font tes Yeux:
La Justice te sert d'un habit glorieux:
Et Dieu fait ton amour, ta couronne, & ta joie.

L'Air flatteur te caresse avec ses doux zéphirs;
L'Eau, de ses flots d'argent, entretient des plaisirs;
Et la Terre à tes vœux satisfait d'elle-même.

Mais, c'est louer ton fort par des vers superflus.
Un point manque, sans-doute, à ton Bonheur suprême:
Quelque heureux que tu sois, tu vas ne l'être plus.

---

3. C'étoit le Jardin d'Eden, ou le Paradis Terrestre, situé dans un endroit de l'Asie, dont on n'est pas bien d'accord entre les Doctes.

4. C'est-à-dire, des jours éclatans & pompeux. Allusion aux Parques des Payens.

14. Ni les Juifs, ni les Chrétiens, ne conviennent pas entre eux du tems qu'Adam & Eve demeurérent dans le Paradis; mais la plupart tiennent qu'ils en furent chassés dès le soir du même jour qu'ils y étoient entrés.

SONNET II.

SUR LE PE'CHE' D'ADAM.

JE vois dans ta perſonne un Ingrat, un Rebelle,
  Et le propre ennemi de ſa félicité;
Qui, contre ſon Seigneur lâchement révolté,
Attire ſur ſa tête une peine éternelle.

  Eve, dans ſon amour, eſt trompeuſe & cruelle:
Son poiſon, par l'oreille, en ton cœur eſt jetté:
Et du fruit défendu la fatale beauté
Te porte dans les yeux une atteinte mortelle.

  Pour ton mal, tu te fais l'arbitre de ton bien;
En voulant être tout, tu te réduis à rien;
Et ton ambition te conduit au ſupplice.

  Tu traînes avec toi tes enfans au tombeau:
Et dans leur triſte ſort, je doute avec juſtice,
Si je t'en dois nommer le Pere, ou le Bourreau.

---

5. Eve étoit aide du Démon, & non pas de ſon Mari, (dit *St. Auguſtin.*)

7. Semblable à ces délicieuſes & mortelles Pommes de l'Amérique, nommées *Mancenilles.* Voyez la Note du 13. Vers du Sonnet des *Arbres*, Liv. I. Sonnet XV.

14. Adam & Eve, vous avez été les Meurtriers, auſſi-bien que les Peres, de tous les Hommes. Et ce qui eſt de plus déplorable, c'eſt que vous avez été leurs Meurtriers avant que d'être leurs Peres. (*St. Bernard.*)

SONNET III.

SUR LE MEURTRE D'ABEL.

TRiste & sanglant objet d'une cruelle envie,
Ange en homme vêtu, Berger chéri des Cieux,
Quel sujet rend ton frere un Bourreau furieux,
Qui ne peut qu'en ton sang voir sa rage assouvie?

La lumiere du jour par ses mains t'est ravie,
Pour l'éclat de ta Foi, qui lui blesse les yeux:
C'est l'amour du Seigneur qui te rend odieux,
Et c'est ta sainteté qui te coûte la vie.

Je bénis ta mémoire, & j'admire ton sort,
Jeune & premier Martyr. Toutefois, en ta mort,
Ton sang au juste Ciel demande la vengeance.

Mais du mystique Abel, immolé sur la Croix,
Le sang pur & divin, qui coule en abondance,
Demande grace au Ciel, d'une plus forte voix.

---

2. *St. Chrysostôme* appelle les Solitaires de son tems, les Anges de la Terre, & des Anges couverts du corps d'un homme.

3. N'est-il pas étrange qu'au second Siecle du Christianisme il y ait eu des Hérétiques, qui faisoient profession d'honorer Caïn comme un vaillant homme, & de mépriser Abel pour sa foiblesse?

10. Il commença les Martyres, lorsque pour la Justice il fut tué le premier. (*St. Cyprien.*)

SONNET IV.

SUR LE DELUGE.

LA Mer a donc rompu son frein & sa barriere :
La Terre, ensévelie aujourd'hui sous les flots,
A repris le chemin de l'horrible Chaos ;
Et l'Univers n'est plus qu'une humide carriere.

La Mort s'offre en tous lieux d'une égale maniere ;
Envain, pour l'éviter, les tristes Animaux
Cherchent leur sûreté dans les lieux les plus hauts :
Ce grand Tout n'est pour eux qu'un vaste cimetiere.

O Déluge vengeur ! par toi, le Dieu jaloux,
Lâchant sur les Humains la bonde à son courroux,
Semble vouloir laver les souillures du Monde.

Mais voyant leurs horreurs dans l'effroyable Etang,
Je dis, sans me tromper : Qu'est-ce que de cette Onde ?
Il faut, pour les laver, un Déluge de sang.

---

4. On dispute aujourd'hui entre les Doctes, si ce Déluge uni-
verfel inonda tout le Globe Terrestre, ou feulement toute
la partie habitée par le Genre-humain, qui n'étoit pas encore répandu sur toute la face de la Terre.

14. Le Déluge du péché (dit *St. Bernard*) avoit attiré sur le
Monde un Déluge d'eau. Mais l'impuissance de ce second Déluge a fait la nécessité d'un troisieme, qui est un
Déluge de sang, c'est-à-dire, l'abondante effusion du
sang de Jésus-Christ.

SONNET V.

SUR L'ARCHE DE NOÉ.

Vaisseau miraculeux, Espérance du Monde ;
   Tu tiens en abrégé, séparément couverts,
De la Terre & de l'Air les Animaux divers,
Et tu les garantis de la fureur de l'Onde.

   Ta course est périlleuse, autant que vagabonde :
Tu flottes en cent lieux, sur l'humide Univers ;
Tantôt, comme élevé jusqu'au-dessus des Airs,
Tantôt, comme abîmé dans la Vague profonde.

   L'œil, dans ces noirs dangers, te juge à tout moment,
Englouti par les flots du perfide Elément ;
Mais la Foi, jugeant mieux, dit pour ton assurance :

   Ne crains point de périr, Dieu te porte en ses mains ;
Et tu portes en toi la bénite Semence,
Qui doit produire un jour le Sauveur des Humains.

***

1. Quelques Savans du Siecle montrent curieusement la juste
   & l'admirable capacité de cette Arche, pour loger les
   Animaux & leurs alimens, pendant un an & dix jours
   qu'ils y demeurérent renfermés. Le dernier Roi de Me-
   xique avoit une Maison des Animaux, où, comme dans
   une autre Arche de Noé, il nourrissoit toutes sortes de
   Bêtes & d'Oiseaux ; même il y avoit aussi toutes sortes de
   Poissons.
13. Sem, l'un des fils de Noé, de qui Jésus-Christ est descen-
   du selon la chair.

D

SONNET VI.

SUR LA TOUR DE BABEL ET LA DIVISION DES LANGUES.

CEs foibles Vermiffeaux, ces vains Audacieux,
Plutôt nains que géans, baffe & mortelle engeance,
Prétendent-ils braver la fuprême Puiffance,
Et trouver le fecret d'efcalader les Cieux ?

De leur fuperbe Tour le front prodigieux,
Loin d'être à ces méchans une illuftre défence,
Les approche plus près de la haute vengeance,
Et flétriffant leur nom, rend leur fiecle odieux.

Sans employer ici, ni l'onde, ni la flamme,
Dieu confond tout-à-coup les deffeins de leur ame;
Et divifant leur Langue, il arrête leurs mains.

Mais un jour, pour former le plus grand des Ouvrages,
Et porter en tous lieux le Salut des Humains,
Dieu viendra dans Sion réunir les Langages.

---

5. On eftime que c'étoit la Citadelle de Babylone, où, quelque tems après la Difperfion, Nimrod établit le Siege de fon Empire. Cette Tour fut entreprife cent ans après le Déluge, & l'on dit que c'eft la même qui fut depuis confacrée à l'Idole *Bel.* Hérodote lui donne mille pas de circuit, mais fa hauteur eft incertaine.

12. Le Jour de la Pentecôte Chrétienne, par le Miracle du Don des Langues.

14. *Il n'y eut alors qu'une feule Langue du cœur dans la Foi.* (St. Auguftin.)

SONNET VII.

SUR L'EMBRASEMENT DE SODOME.

MOrtels, ouvrez les yeux avec étonnement!
L'ardent courroux du Ciel est prêt à se répandre;
Sodome, il te menace! il s'en va te surprendre!
Le cri de tes péchés hâte ton jugement.

Un Déluge de feu tombe subitement:
A longs traits ensouphrés on l'apperçoit descendre,
T'inonder, Ville infame, & te réduire en cendre,
Et faire de ta plaine un vaste embrasement.

Le feu, juste Vengeur, ô Justice éternelle!
Vient éteindre le feu d'une ardeur criminelle,
Et couvrir les horreurs d'une infernale nuit.

Contemples-tu, Pécheur, cette illustre vengeance?
Du Feu du dernier Jour sensiblement instruit,
Crains d'être ainsi surpris dans ton impénitence.

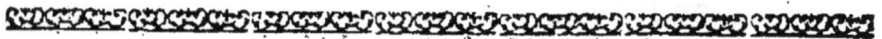

---

8. C'est où l'on voit à présent la *Mer Morte*, ou le *Lac Asphaltite*, mêlé de bitume & de souphre, de vingt lieues de long & de cinq de large, à neuf lieues de Jérusalem. Son eau est si puante & si corrompue, que l'on ne trouve aucun Poisson dans son sein, ni aucun Oiseau sur ses bords; & l'on assure que tout ce qui n'a point de vie y coule à fond, & que tout ce qui est vivant y surnage. L'Empereur Vespasien y fit jetter des hommes liés, qui ne purent jamais aller à fond.

SONNET VIII.

SUR LE SACRIFICE D'ABRAHAM.

MEs yeux, que voyez-vous en ce trifte Tableau ?
Un Pere fera-t-il, fans remords, un tel crime ?
Un Pere fans pitié, dans l'ardeur qui l'anime,
De fon unique fils fera-t-il le Bourreau ?

Déjà le front couvert du funebre bandeau,
Sur le fanglant Autel, l'innocente victime,
Intrépide au péril, & d'un air magnanime,
Offre fon jeune fein au barbare couteau.

Frappe, frappe ton fils, Patriarche fidele :
C'eft un ordre du Ciel qui fait agir ton zele ;
Et par ta cruauté tu vas montrer ta foi.

Mais, non ! retien ton bras, épargne l'innocence ;
Dieu te rend ton Ifac, il prend pitié de toi :
La victime qu'il veut, c'eft ton obéiffance.

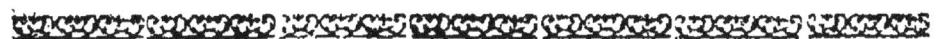

---

6. En la même Montagne de *Morija*, où fut bâti le Temple de Salomon.

8. Il avoit alors 25 ans, felon *Jofephe*; d'autres lui en donnent jufqu'à 37. *St. Clément* l'appelle une douce & alaigre victime. *Je ferois* (dit-il) *indigne de vivre, fi je réfiftois à l'ordre de Dieu & à la volonté de mon Pere.* (Jofephe.)

10. *Il n'eftima pas qu'il y eût rien de mauvais dans ce que le Très-bon avoit commandé.* (St. Auguftin.) *Il fe bâtoit d'égorger fon fils, par une pieufe cruauté.* (St. Bernard.)

SONNET IX.

SUR LES LARMES D'ESAÜ.

Profane, envain ces pleurs d'une lâche tristesse
Coulent, en ce moment, du canal de tes yeux;
Et d'un frere béni détestant la finesse,
Envain ta voix éclate en termes odieux.

Misérable Chasseur, lorsque la faim te presse,
Dans l'aveugle appétit d'un ventre furieux,
Pour un grossier repas, tu vends ton droit d'aînesse;
Et pour jamais tu perds un bien si précieux.

Infame! après cela tu prétens l'avantage,
La promesse, les fruits, la gloire & l'héritage,
Que ta bouche infidele a cédés lâchement?

Mais si ton nom toujours fut en horreur aux hommes,
Puis-je pas, aujourd'hui, crier amérement,
Mon Dieu, que d'Esaüs dans le Siecle où nous sommes!

7. *Jacob céda le plaisir d'une viande, & il reçut l'honneur de la Dignité.* (St. Augustin.) Le droit des Ainés, parmi les Hébreux, consistoit principalement en trois choses; la Seigneurie sur leurs Freres, la bouble Portion des Biens paternels, & l'Office de la Sacrificature jusqu'au tems du Sacerdoce Lévitique.

14. *Esaü représente tous les hommes charnels, animaux & sensuels, qui pour les Biens du Siecle méprisent ceux de l'Eternité.* (St. Augustin.)

D 3

SONNET X.

SUR LA LUTTE DE JACOB.

C'eſt envain que la vieille & la nouvelle Hiſtoire
De ſes fameux Guerriers conte les grands Exploits:
Le ſaint Athlete ici mérite plus de gloire,
Que n'en eurent jamais les plus puiſſans des Rois.

Ces Héros, dont le tems conſerve la mémoire,
N'ont vu que des Mortels aſſervis à leurs loix:
Mais du vaillant Jacob l'excellente victoire,
Et ſur l'Homme, & ſur Dieu, s'étend tout à la fois.

Quel autre à ce Lutteur peut être comparable,
Si ce n'eſt le Lutteur qu'on nomme l'Admirable,
Et qui, ſeul, a le Ciel & l'Enfer ſurmonté ?

Aux efforts de Jacob Dieu ſe montra propice ;
Jacob dans ce combat ſut fléchir ſa bonté :
Mais c'étoit à Jéſus à vaincre ſa juſtice.

---

8. C'eſt pourquoi il fut nommé *Iſraël*, c'eſt-à-dire, Vainqueur du Dieu fort. L'Ecriture nomme l'Antagoniſte
de Jacob, *Homme*, *Ange*. & *Dieu*; c'eſt-à-dire, Dieu
en forme humaine, & ſe ſervant du miniſtere d'un Ange.
Ou bien, cet Ange étoit Jéſus-Chriſt lui-même, *l'Ange
du Grand Conſeil*.

9. *St Jérôme* n'a reconnu ici qu'une lutte ſpirituelle du cœur,
& non pas des mains. Mais d'où ſeroit venu le déboîte-
ment de la hanche de Jacob ?

SONNET XI.

SUR JOSEPH.

PErsécuté, vendu, condamné, misérable;
Diversement aimé; libre, absous, glorieux;
Dans l'horreur d'un cachot sur un char radieux,
Tu parois toujours grand & toujours admirable.

Esclave, Prisonnier, Ministre incomparable;
Prophete, Prince, & Fils, digne de tes Ayeux,
Tu sens par-tout sur toi, l'esprit, la main, les yeux
Du Monarque éternel, à tes vœux favorable.

Pressé comme la Palme, & souvent abattu,
Tu releves plus haut ta constante vertu,
Et le Ciel fait plus haut éclater ta victoire.

Figure de Sauveur, dans tes combats divers,
Tu passes, comme lui, de la honte à la gloire:
Mais lui seul, en souffrant, a sauvé l'Univers.

---

1. On conjecture que les Egyptiens ont honoré Joseph sous le Signe du *Taureau Céleste*, & sous le nom du Bœuf *Apis*, symbole du Froment & de la Nourriture. Aussi Joseph est-il comparé à un Taureau dans le Deutéronome.
6. Ce Fils fut le Pere nourricier de son Pere, de ses Freres, & de toute l'Egypte. Aussi est-il nommé, dans l'Ecriture, *le jeune Pere*, & *le Pere du Roi*; & *St. Jérôme* estime que Pharaon lui donna un nom qui signifie *Sauveur du Monde*.

SONNET XII.

SUR LA SERVITUDE D'EGYPTE.

Profopopée.

FOulés, meurtris de coups, accablés de miferes,
Nous paffons notre vie au travail des fourneaux :
Et fans-ceffe, avec l'eau de nos larmes ameres,
Nous détrempons la terre, en ces ardens tombeaux.

D'enfans trop malheureux, inconfolables Peres,
Dèsleur naiffance, hélas! nous fommes leurs Bourreaux :
Et du fang innocent de leurs foibles arteres,
L'impitoyable Nil enfanglante fes eaux.

Portez, triftes Clameurs, Filles de la Trifteffe,
Portez au plus haut Ciel la douleur qui nous preffe.
Jufte Ciel! fouffres-tu ce fpectale odieux?

Mais d'être fans Autel, fans Loi, fans Sacrifices,
Sous la barbare main d'un Tyran furieux,
C'eft ce qui fait pour nous le plus grand des fupplices.

---

6. Ayant été prédit au Roi d'Egypte qu'il naîtroit en ce
tems-là un Ifraélite, qui affligeroit extraordinairement
fon Etat, & rehaufferoit merveilleufement la condition
du Peuple d'Ifraël, s'il parvenoit en âge d'homme, il fit
cet Edit cruel, que tous les Enfans mâles qui naîtroient
en Ifraël fuffent jettés dans la Riviere. Ce qui a quelque
rapport au deffein dn Maffacre des Enfans de Bethléhem,
qu'Hérode fit faire pour perdre l'Enfant Jéfus, dont
Moyfe étoit la Figure.

SONNET XIII.

SUR JOB.

GRrand Saint , de qui le Ciel protege l'innocence ,
De combien de douleurs accablé je te voi !
Tous les maux conjurés viennent fondre fur toi ,
Et tu fens du Démon la cruelle infolence.

La poudre , qui te fert de fiege en ta fouffrance ,
Te donne plus d'éclat que le trône d'un Roi :
Et comme deux faphirs , l'Efpérance & la Foi ,
Font , dans tes yeux mourans , éclater la conftance.

Illuftre par les biens que le Ciel te verfa ,
Illuftre par les coups dont l'Enfer te perça ,
Tu parois aujourd'hui dans la fcene du Monde.

Je te vois des égaux dans ta profpérité ?
Mais la Grace , où ton cœur dans l'orage fe fonde ,
Te rend incomparable en ton adverfité.

1. *J'ofe dire qu'il a été égal aux Apôtres.* (St. Chryfoftôme.)
On tient qu'il a vécu un peu avant Moïfe , pendant la
fervitude des Ifraélites en Egypte ; & l'on conjecture qu'il
étoit de la poftérité de Nacor , ou même d'Abraham , par
Kétura. Les Hébreux ne donnent qu'un an à fon épreuve , mais d'autres fept.

14. *Job , vainqueur fur fon fumier , eft plus excellent qu'Adam
vaincu dans le Paradis.* (St. Auguftin). *Dieu applaudiffois
à ce fpectacle , & le Démon en enragevit.* (Tertullien.)

SONNET XIV.

SUR MOYSE.

DU Nil jufqu'au Danube, & du Pô jufqu'au Gange,
Ton nom, divin Héros, refonne en l'Univers.
On te voit, on t'admire en trois états divers,
Où, par l'ordre éternel, ton fort trois fois fe change.

Tiré du fein des Eaux, par un bonheur étrange,
L'Egypte dans fa Cour te tient quarante Hivres:
Puis de fimple Berger caché dans les Déferts,
Tu deviens d'Ifraël & le Pafteur & l'Ange.

L'Air, la Terre, les Flots, les Tyrans inhumains,
Fléchiffent fous ta verge, & refpectent tes mains:
Et le Ciel fur ton front imprime fa lumiere.

Dieu paroît à tes yeux, fans ombre & fans rideau:
Et fi, fans voir la mort, tu contemplas le Pere,
Pour contempler le Fils, tu quittas le tombeau.

---

1. Fleuves d'Egypte, d'Allemagne, d'Italie, & des Indes
Orientales.
2. Au rapport de l'Hiftorien des Juifs, il avoit été prédit à
Moyfe, avant fa naiffance, qu'il feroit un homme incomparable, & que fa gloire feroit éternelle. Et, felon *Saint
Epiphane*, il fut adoré comme un Dieu dans l'Arabie
Pierreufe.
3. Ces trois états en peuvent figurer trois en Jéfus-Chrift,
le Moyfe Myftique.
4. Ce fut dans la transfiguration de Jéfus-Chrift fur le Tabor.

SONNET XV.

SUR LA SORTIE D'EGYPTE.

Profopopée.

Dieu donc fur nos Tyrans fait fondre la tempête :
Dieu contre eux de fon Peuple a les vœux exaucés:
Leur difgrace eft venue, & nos maux font paffés ;
Leur nuit fait notre jour, leur douleur notre fête.

L'Ange exterminateur a volé fur leur tête,
Et d'un glaive de feu leurs Ainés font percés ;
L'Egypte eft toute en deüil, tous les cœurs font glacés:
Leve-toi, Peuple faint, ta délivrance eft prête.

Va planter dans Elim tes riches pavillons,
Fai camper fous Sina tes nombreux bataillons,
Et jusques dans Sion fignale ta victoire.

Moyfe envain pour toi neuf coups avoit lancés :
Mais de l'Ange, envoyé du féjour de la Gloire,
Un feul coup te fauvant, les a tous furpaffés.

---

6. C'eft la Pefte, qui perça leurs cœurs d'un venin fubtil &
brûlant, *L'Epée des Anges*, (dit Jofephe) *c'eft la Peftilence.*
Ainfi l'Ange qui frappa de mortalité la Ville de Jérufalem,
au tems de David, nous eft repréfenté avec une épée.

8. *Délivrance*, (dit St. Auguftin) *qui figure notre rédemption
par Jéfus-Chrift.*

12. Ce font les neuf Plaïes d'Egypte, qui avoient précédé le
paffage de l'Ange deftructeur. Ces dix Plaies durerent
un an, felon l'opinion des Juifs.

SONNETS CHRETIENS.

SONNET XVI.

SUR LE PASSAGE DE LA MER ROUGE.

SUr ton Dieu, Peuple faint, juftement tu te fondes;
Sa main, pour t'arracher à tes cruels Bourreaux,
Fendant pour toi la Mer, écartant fes rofeaux,
Fait deux murs de cryftal de fes eaux vagabondes.

Les Poiffons, bondiffant de leurs grottes profondes,
Sufpendus & fixés dans la glace des eaux,
Semblent d'un œil jaloux voir des hôtes nouveaux,
Qui marchent à pied fec dans l'abîme des ondes.

Que te fert, ô Tyran! de marcher fur leurs pas?
Tous les flots retournés te portent le trépas,
Quand Ifraël fauvé fe voit fur le rivage.

Ainfi, malgré l'effort du Démon furieux,
Dieu te fait, ô Chrétien! de la mort un paffage,
Qui te conduit du Monde à l'Empire des Cieux.

---

1. Moyfe, à l'afpect de la Mer & des Montagnes, dit alors à Dieu, au nom de tout Ifraël: *Cette Mer & ces Monta-gnes font à toi, Seigneur: Tu peux, à ta parole, ouvrir ces Montagnes, & faire de cette Mer une Terre: & nous pouvons même nous envoler par l'Air, fi tu as pour agréable de nous fauver.* (Jofephe.)

3. Cette Mer, pour l'abondance de fes rofeaux, eft nommée par les Hébreux, *la Mer des Rofeaux.* On l'appelle au-trement le *Golfe Arabique.*

SONNET XVII.

SUR LES MIRACLES DU DESERT.

POur ton Peuple, Grand Dieu ! tu forces la Nature ;
Les flots font du cryſtal, les rochers font des eaux ;
Et le feu des Serpens, promts & volans Bourreaux ,
Eſt éteint par l'aſpect d'un Serpent en figure.

Le Pain , tombant des Cieux, fournit ſa nourriture ;
Le Vent , pour ſes repas, apporte des Oiſeaux ;
Tu l'éclaires la nuit, par tes divins Flambeaux ;
Et ton Ombre, le jour, lui ſert de couverture.

Ton invincible Bras, dans l'horreur des Déſerts ,
Lui prête ſon ſecours , par deux fois vingt Hivers,
Contre tous ennemis , & contre tous obſtacles.

Par-tout, enfin, ton Peuple eſt un Peuple vainqueur.
Mais veux-tu faire en lui le plus grand des Miracles ?
Change en un cœur de chair la pierre de ſon cœur.

---

3. Les Naturaliſtes, les Hiſtoriens', & l'Ecriture Sainte
parlent de Dragons ailés , & de Serpens brûlans, qui
volent.
4. Ce Serpent d'airain figuroit Jéſus-Chriſt élevé pour notre
ſalut ſur la Croix.
5. On remarque ſur la Manne, qu'elle a donné lieu au plus
long de tous les miracles. C'eſt ſa conſervation dans un
vaſe d'or durant pluſieurs ſiecles.
14. St. Chryſoſtôme appelle ainſi la réformation du cœur.

SONNET XVIII.

SUR LA LOI.

J'Entens du Mont Sina la trompette effroyable :
Sa tempête & ses feux se présentent à moi :
Et mon ame étonnée, à l'aspect du grand Roi,
Attend d'un triste sort l'arrêt irrévocable.

Juge de l'Univers, Vengeur inexorable,
Puis-je, étant criminel, subsister devant toi,
Et subir aujourd'hui l'examen de ta Loi,
Sans être condamné, sans être punissable ?

J'ai beau me repentir, j'ai beau verser des pleurs;
Par tous ces vains efforts j'augmente mes douleurs;
Le glaive pend toujours sur ma tête rebelle.

Mais, lorsque je te crains, je ressens ta faveur:
C'est que, pour me sauver de la Mort éternelle,
Tu veux que cette Loi me mene à mon Sauveur.

---

1. Montagne de l'Arabie Pierreuse, où Dieu donna sa Loi, dans un terrible appareil, le Jour de la Pentecôte, & pour le plutôt l'an du Monde 2453.
9. *La Loi est dure, gravée en des pierres dures, prête à frapper, ne sachant ce que c'est que d'avoir pitié, ôtant tout lieu à la repentance, refusant la grace & ignorant l'amendement du Pécheur.* (St. Bernard.)
14. C'est pourquoi St. Paul l'appelle un *Précepteur qui nous mene à Jésus-Christ.*

SONNET XIX.

SUR L'ARCHE DE L'ALLIANCE.

CHef-d'œuvre de Sageſſe & de Magnificence;
Oracle portatif, Siege de Vérité;
Second Trône de Dieu, ſur la Terre arrêté,
Où ce grand Dieu fait voir aux Mortels ſa préſence:

Séjour des Chérubins, Symbole de Clémence?
Char pompeux de Victoire & de Proſpérité,
Qui fais du Camp des Saints, un Camp ſi redouté,
Et qui dans leurs combats les remplis d'aſſurance:

L'ancien Peuple, ravi de ta poſſeſſion,
Fait de tes ornemens ſon admiration:
Tu n'as pourtant du Ciel les tréſors qu'en figure.

Mais le Peuple nouveau, portant plus haut ſes yeux,
Contemple en ſon Sauveur une Arche, où par nature
Réſide & le Monarque & la Gloire des Cieux.

---

2. Oppoſition aux Sieges des faux Oracles du Pere du Menſonge.

5. Par ſon Propiciatoire, qui figuroit excellemment Jéſus-Chriſt notre Seigneur.

9. *L'Arche étoit la force & la beauté d'Iſraël: c'étoit le ſujet de ſa confiance & de ſes applaudiſſemens.* (St. Auguſtin.) *C'étoit la couronne de ſa tête.* (Abarb ...)

13. *Toute la plénitude de la Divinité* (dit St. Paul) *babite en Jéſus-Chriſt corporellement,* c'eſt-à-dire, non pas en ombre & en figure, mais eſſentiellement & ſubſtantiellement.

SONNET XX.

SUR LES SACRIFICES.

NOtre ame, en ses remords, justement allarmée,
  Nous peint d'un noir pinceau nos crimes odieux;
Et du Dieu juste & saint la vengeance enflammée,
Avec des traits ardens, se fait voir à nos yeux.

Eteignons, par nos soins, sa colere allumée :
Cherchons, pour son Autel, des agneaux en tous lieux:
Que d'holocaustes saints une épaisse fumée ,
Avec nos cris perçans, s'éleve jusqu'aux Cieux.

Mais quand tous les agneaux deviendroient des vic-
    times,
Hélas ! que peut leur sang pour effacer nos crimes,
Et du Juge éternel éteindre le courroux?

Lui seul peut nous fournir le parfait Sacrifice ;
Et de ses propres Biens satisfaisant pour nous,
Par le Sang de son Fils, appaiser sa Justice.

.x. *La joie d'une bonne conscience est un Paradis* , dit St. Augustin. *Mais la mauvaise conscience* , dit St. Jérôme , *est le
  ver qui ne meurt point , & le feu qui ne s'éteint point.*
12. Le Sacrifice propiciatoire de la Croix, où le Sacrificateur
  (comme dit *St. Augustin*) a pris de nous ce qu'il devoit
  offrir pour nous. Car il a pris de nous la chair , mais en
  cette même chair il a été fait victime & holocauste.
14. *Ici la Grace & la Vérité se rencontrent : la Justice & la
  Paix s'entre-baisent.* (Pf. LXXXV.)

SONNET XXIII.

SUR LA FILLE DE JEPHTE'.

REgarde cette Fille, & si sage & si belle,
Qui vole où la conduit le paternel amour ;
Et prenant en ses mains la flûte & le tambour,
A son Pere vainqueur vient témoigner son zele.

Tu verras, tout-à-coup, la fête solennelle
En un deuil imprévu se changer sans retour :
Un orage soudain, éteignant ce beau jour,
Couvrira son éclat d'une nuit éternelle.

Par son funeste vœu, le triomphant Guerrier,
Dans le sang virginal ternira son laurier ;
Et rendra sa victoire amere & lamentable.

La mort d'Iphigénie est peinte en ce Tableau :
Mais pour l'état du Pere, il est si déplorable,
Qu'il n'est, pour l'exprimer, ni couleur, ni pinceau.

10. Les anciens Docteurs, & Juifs & Chrétiens, tiennent qu'en effet, en conséquence de ce vœu, Jephté sacrifia sa fille deux mois après.

12. Les Doctes estiment que l'*Iphigénie* de la Fable n'est autre chose que le nom déguisé de la fille de Jephté, comme qui diroit *Jephtigénie*. A Sébaste, dit *St. Epiphane*, on solennisoit sa fête, on lui rendoit des honneurs divins.

14. Allusion au voile d'*Agamemnon*, dans le Tableau de *Timante*.

SONNET XXIV.

SUR SAMSON.

NE vois-je pas ici le véritable Alcide ?
Son invincible bras, en mille occafions,
A de fes Ennemis défait les Légions :
Mais c'eſt dans fes cheveux que fa force réfide.

O nompareil Athlete ! ô Courage intrépide !
Quoi, faut-il qu'un Héros qui dompte les Lions,
De Vainqueur foit vaincu dans fes illufions,
Par les fauffes douceurs d'une Beauté perfide ?

Ta vertu toutefois fe ranime en ta mort :
Et de vaincu Vainqueur, par un dernier effort,
De tous tes Ennemis ton cœur prend la vengeance.

Mais, ô petit Soleil ! dans la mort étouffé,
Qu'es-tu, près du Soleil, qui dans fa défaillance
A même, par fa mort, de la mort triomphé ?

1. *Alcide* étoit l'Hercule des Payens : on lui attribuoit les actions de Samfon, comme la défaite du Lion, dont il portoit les dépouilles.

4. Force miraculeufe, vu la foibleffe naturelle des cheveux.

12. *Samfon*, en Hébreu, veut dire *petit Soleil*. Selon d'autres, il fignifie *le Soleil de la force*. Ce qui convient fort bien à Samfon, & beaucoup mieux encore à Jéfus-Chriſt, le Samfon myſtique, & *le Soleil de Juſtice*.

SONNET XXV.

SUR SAMUEL.

JE vois le faint éclat qui ton front environne,
  Grand Prophete ; tu fais, tu dépofes les Rois ;
Sans armes, tu foumets Ifraël à tes loix ;
Et fur lui, plus que Roi, tu regnes fans couronne.

  Le Ciel, qui fes faveurs à tes vœux abandonne,
Pour vaincre l'Ennemi, n'oppofe que ta voix :
Et pour comble d'honneur, coup fur coup, par trois fois,
Dans tes plus jeunes ans, Dieu te parle en perfonne.

  Alors encore enfant, novice & mal inftruit,
Quand Dieu te parle ainfi, dans l'ombre de la nuit,
Pour la voix d'un mortel tu prends la voix célefte.

  Que de Flatteurs, hélas ! juftement odieux,
Par un entêtement téméraire & funefte,
Font, de la voix de l'Homme, un oracle des Cieux !

---

2. Cela paroît en la perfonne de *Saül*, de *David* & d'*Agag*.
6. Il fut alors un vrai *Samuël*, c'eft-à-dire *Exaucé de Dieu*.
14. Samuël avoit pris la voix de Dieu pour celle d'Héli,
Grand-Pontife. Mais à l'oppofite le Peuple de Céfarée
crioit, à la voix d'Hérode, *Voix de Dieu, & non point
d'Homme*. Et les Sectateurs de Montanus prenoient f
voix pour celle du Paraclet, c'eft-à-dire, du St. Efprit.
Il en eft de même de tous les Efclaves des faux Pro
phetes.

E 3

SONNET XXVI.

SUR DAVID.

C'En eſt fait grand Héros !. le Ciel l'avoit promis :
Des cruels Philiſtins l'eſpérance eſt trompée ;
Leur terrible Géant a la tête coupée ;
Et ton bras eſt vainqueur de tous tes Ennemis.

Mais ton lâche adultere en cachette commis,
Et du barbare Ammon la meurtriere épée,
Au ſang du brave Urie injuſtement trempée,
Te rendent à toi-même, avec honte, ſoumis.

Pour te vaincre, aujourd'hui, ranime ta vaillance;
Et la harpe à la main, Docteur de Pénitence,
Chante de ton ſalut, & l'Ouvrage, & l'Auteur.

Que l'Univers entier admire, en ta perſonne,
Un Monarque puiſſant, fait d'un ſimple Paſteur;
Je préfere, pour moi, ta harpe à ta couronne.

---

3. *David terraſſant Goliat, eſt la figure de Jéſus-Chriſt qui détruit le Démon.* St. Auguſtin.

5. *David ne commit pas ſon adultere & ſon meurtre dans ſes fuites & dans ſes combats, mais lorſqu'il fut dans l'aiſe & dans le repos. Il faut donc veiller ſur ſoi avec plus de ſoin dans la proſpérité, que dans l'adverſité.* (Le même.)

10. *Que ceux qui ne ſont pas tombés l'écoutent, pour ſe garder de tomber. Et que ceux qui ſont tombés l'écoutent, pour ſe relever de leur chûte.* (Le même.)

SONNET XXVII.

SUR ABSALOM.

QUe ce fier Abſalom à ſoi-même eſt contraire !
Mais que ſon nom dément ſa conjuration !
Son nom dit que la Paix eſt ſon vrai caractere,
Et c'eſt pourtant l'auteur de la Sédition.

C'eſt un Traître, un Ingrat, un Tigre, une Vipere;
Un Lâche, un Furieux, de qui la paſſion
Veut éteindre aujourd'hui, dans le ſang de ſon Pere,
La criminelle ardeur de ſon ambition.

L'eût-on cru toutefois, que la fleche mortelle,
Qui vient percer enfin le cœur de ce Rebelle,
De ſon Pere trop tendre excitât les douleurs ?

Perdant un autre Fils, il montra ſa conſtance :
Si pour ce Scélérat il verſe tant de pleurs,
Le genre de leur mort fait cette différence.

---

2. *Abſalom*, en Hébreu, ſignifie *Pere de Paix.*

13. *Il ne pleuroit pas tant la mort d'Abſalom pour avoir été privé d'un tels fils, mais parce qu'il ſavoit dans quels tourmens fut alors précipitée cette Ame impie, adultere & parricide. Car auparavant il avoit témoigné de la joie, dans la mort d'un autre Fils, qui étoit innocent.* (St. Auguſtin.)
Puiſqu'alors il prononça ce beau mot : *Il ne reviendra point à moi, mais j'irai à lui.*

E 4

SONNET XXVIII.

SUR LE TEMPLE DE SALOMON.

QUe la Terre avec joie ouvre tous ses tréfors,
De l'Ourfe à l'Eridan, du Couchant à l'Aurore:
Et que de tous fes biens l'Onde couvre fes bords,
De la Mer Atlantique à la Mer du Bofphore.

Que l'Art à la Nature ajoutant fes efforts,
L'Egyptien, l'Hébreu, le Tyrien, le More,
Préparent à l'envi, dans leurs communs accords,
Et le Cedre, & le Marbre, & les Métaux encore.

Oui, que pour faire un Temple au Pere des Humains,
Tous les Mortels unis prêtent ici leurs mains
Au Prince d'Ifraël, des Mortels le plus fage.

Je te vois, je t'admire, ô divin Bâtiment!
Mais l'Homme n'a formé que le corps de l'ouvrage.
Sois-en, Seigneur, & l'ame & le couronnement.

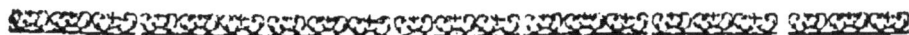

2. Ce font les quatre Parties du Monde: car l'*Ourfe* & l'*Eridan* font deux Conftellations, dont l'une eft du Septentrion, & l'autre du Midi.

4. C'eft-à-dire, de l'Océan Occidental à la Mer Méditerranée, où font les deux *Bofphores* des Anciens. Une partie eft mife ici pour le tout.

14. C'eft ce que Dieu faifoit par fa réfidence dans l'Arche, qui, à caufe de fa préfence efficace & glorieufe, eft nommée fa *force* & fa *gloire*.

SONNET XXIX.

SUR LA REINE DE SEBA.

R Eine illuftre en fageffe, auffi-bien qu'en puiffance,
Qui, du Golfe Arabique ayant laiffé les bords,
Vins faire en Paleftine, avec magnificence,
Admirer ton efprit, éclater tes tréfors :

D'un Monarque fans pair la haute fapience
Parut infurmontable à tes favans efforts :
Et paffant de fort loin ta premiere créance,
De ton ame ravie excita les tranfports.

Ce grand Prince, il eft vrai, te charma par l'oreille :
Mais quels tranfports divins, par fa voix nompareille,
N'eût pas produit en toi le Salomon des Cieux !

Suivant ce Roi Célefte, & t'oubliant toi même,
N'aurois-tu pas toujours, pour ce choix glorieux,
Quitté Palais, Tréfors, Sujets & Diadême ?

---

2. Cette Princeffe ne vint pas d'Egypte, ni d'Ethiopie,
mais de cette partie de l'Arabie Heureufe où demeuroient
les *Sabéens* proprement ainfi nommés, fur les bords du
Golfe Arabique, ou de la Mer Rouge. C'eft de Salomon
& d'elle que les Empereurs des Abyffins fe vantent aujourd'hui d'être defcendus.

11. Le nom de Salomon, qui fignifie *Pacifique*, convient
par excellence à Jéfus-Chrift *le Prince de Paix*. (St. Auguftin.)

SONNET XXX.

SUR ELIE.

SEraphin corporel, dont le zele admirable
  Produit de jour en jour des miracles nouveaux:
Grand Saint, de qui souvent les Anges, les Corbeaux,
Comme autant d'Officiers, viennent couvrir la table;

Second Homme immortel, dont la voix redoutable
Tire le feu du Ciel, & maîtrise les Eaux,
Fait trembler les Tyrans, fait ouvrir les Tombeaux,
Et détruit des faux Dieux le culte abominable:

Colomne d'Israël, Prophete glorieux,
Un Char de feu, volant, rapide, radieux,
T'enleve pour jamais à notre indigne Terre.

Au Tabor néanmoins, descendant une fois,
Ton zele, qui toujours à l'Erreur fit la guerre,
Combattra le scandale & l'horreur de la Croix.

---

5. Le premier Homme immortel a été *Enoc*, & le second
Elie.
6. C'est ce qui a fait dire aux Juifs, *qu'Elie portoit la Clé
du Ciel.*
12. Dans la Transfiguration de Jésus-Christ, qui, comme l'on
croit, se fit sur le Tabor, Montagne de Galilée. C'est-
là qu'Elie & Moyse, descendus du Ciel, s'entretinrent
des merveilles de la Passion du Seigneur, comme pour
donner à entendre à toute la Terre, qu'elle faisoit l'en-
tretien & l'admiration des Saints du Paradis.

SONNET XXXI.

SUR JONAS.

TRop timide Jonas, que ton naufrage eſt beau!
La main de l'Eternel, en miracles féconde,
Te prépare un afyle au fein même de l'Onde,
Et fait pour toi, d'un Monſtre, un Pilote, un Vaiſſeau.

Soudain paſſé d'un gouffre en un gouffre nouveau,
Deux fois mort, fans mourir, tu te fais voir au Monde;
Et dans cet accident, ô merveille profonde!
La Mort t'ôte à la Mort, & la Tombe au Tombeau.

Du Sauveur des Humains excellente figure,
Tu quittes dans trois jours ta noire fépulture.
Ton fort d'avec le fien differe toutefois:

Sur ton corps aujourd'hui la Mort a la victoire;
Mais le Jonas Célefte, affranchi de fes loix,
Eſt monté du Sépulcre au Séjour de la Gloire.

---

1. Le nom de *Jonas*, qui ſignifie une *Colombe*, marque ſa
timidité
4. Selon *Joſephe*, il fut porté à terre ſur les rives du Pont-
Euxin, qui eſt la Mer Noire. Il ſemble que les Payens
ayent tiré d'ici la Fable de leur *Arion*, jetté dans la mer
par des Mariniers, mais ſauvé par un Dauphin; & la Fable de leur *Hercule*, englouti par une Baleine, dans le ventre de laquelle il demeura trois jours & trois nuits, & dont
il fortit fain & fauf le troiſieme jour, n'y ayant perdu que
ſes cheveux.

SONNET XXXII.

SUR LA MALADIE D'EZECHIAS.

TOn fort, Malade illuftre, a pour moi des appas :
On voit à tes côtés un Ange de lumiere ;
Et du grand Médecin la vertu finguliere
T'enleve, par miracle, aux efforts du trépas.

Qu'obtiens-tu par tes vœux, ou que n'obtiens-tu pas?
L'Arbitre de tes jours, exauçant ta priere,
De trois luftres entiers allonge ta carriere.
Et pour toi le Soleil retourne fur fes pas.

Oui, tes pleurs & tes cris, dans tes rudes allarmes,
Contre les coups du Ciel te fourniffent des armes,
Et te rendent célebre à la Poftérité.

Ainfi, quand nos Neveux apprendront ton hiftoire;
Eternel, diront-ils, un Lit d'Infirmité
Devient, par ta puiffance, un Théatre de Gloire.

---

7. Un *luftre*, parmi les Romains, étoit l'efpace de cinq ans.

8. L'ombre du Soleil retrograda de dix degrés au Cadran d'Achaz, c'eft-à-dire, apparemment, de cinq heures, chaque degré de ce Cadran ne pouvant être que de demi heure : autrement le jour auroit été d'une longueur exceffive, même fans miracle. On trouve ici, depuis midi trois fois cinq heures, qui marquoient les quinze ans ajoutés aux années d'Ezéchias. Voyez la Note du 14. Vers du Sonnet de *Jofué*, Livre II. Sonnet XXI.

SONNET XXXIII.

Sur la Prison de Manassé.

PRinces qui, comme Dieux, régnez dans l'Univers,
  Pensez-vous être exempts des miseres humaines ?
Voyez ce puissant Roi, quatre ans chargé de chaines,
Gémir dans un cachot, sous le poids de ses fers.

  Grand Prince, si tes yeux aux larmes sont ouverts,
Adouci par l'espoir la rigueur de tes peines ;
Et des bontés du Ciel voi des marques certaines,
Et dans tes maux présens, & dans tes maux soufferts.

  Pour tes crimes sanglans, Dieu t'ôta la couronne :
Mais sa main pitoyable à tes vœux la redonne,
Et rétablit l'honneur de ta Prospérité.

  Une double couronne, ô qui l'auroit pu croire !
T'est acquise aujourd'hui par ta captivité ;
L'une dans la Judée, & l'autre dans la Gloire.

---

11. *Veux-tu connoître l'efficace de la Repentance ?* disent les Juifs, *considere Manassé. Il fut converti dans sa prison, & puis rétabli sur le trône. Ainsi sa captivité ayant servi à sa conversion, elle lui fit regagner la couronne temporelle de Juda, en attendant celle d'Eternité.* L'Historien des Juifs dit des merveilles de la suite de cette conversion ; & il assure que depuis, Manassé fut tout le reste de sa vie, & grand Zélateur, & très-heureux Prince.

SONNET XXXIV.

SUR LA MORT DE JOSIAS.

JEune & pieux Héros, tout brillant de lumiere ;
Prince que tes Sujets appellent juſtement,
Du ſaint Peuple l'amour, le plus bel ornement ;
Où t'emporte l'ardeur de ton ame guerriere ?

Arrête de ton char la courſe meurtriere.
Que deviendroit ton Peuple en ton éloignement,
Si d'un combat douteux le triſte événement
Terminoit les beaux jours de ta belle carriere ?

Mais la fleche mortelle eſt déjà dans ſon flanc,
Et le champ de bataille eſt rouge de ſon ſang.
Pleurons ſan fin les maux dont ſa mort eſt ſuivie.

Qu'à ſa gloire pourtant cedent nos intérêts.
S'il perd dans le combat la couronne & la vie,
Il va régner au Ciel dans l'éternelle Paix.

---

4. Lorſqu'il alla témérairement combattre le Roi d'Egypte,
s'oppoſant ainſi à l'ordre de Dieu, qui, ſelon les Juifs,
avoit été donné à ce Prince par Jérémie.

9. Le *Talmud* des Juifs dit, que comme Joſias étoit prêt
à rendre l'ame, le Prophete Jérémie s'étant apperçu qu'il
remuoit les levres, ſe pancha ſur lui, & qu'approchant
ſon oreille de fort près, il entendit ce grand Prince prononcer à voix baſſe, en expirant : *Tu es juſte, Seigneur !*
car j'ai été rebelle à tes ordres.

SONNET XXXV.

Sur la Captivité de Babylone.

Retire-toi, Soleil, importune lumiere :
Qu'en l'horreur de la nuit mes tristes yeux plongés,
En deux sources de pleurs soient pour jamais changés;
Jérusalem n'est plus qu'un monceau de poussiere !

Des cruels Caldéens la Bande meurtriere
A nos Palais détruits, nos Trésors saccagés,
Nos Princes, nos Enfans, nos Prêtres égorgés,
Et rendu la Judée un affreux Cimetiere.

Dieu même à leur fureur a livré sa maison :
Et contre son saint Peuple, en exil, en prison,
Déploye en leur faveur ses plus terribles peines.

Oui, Dieu combat pour eux, il marche au premier rang.
Ah ! c'est peu que mes yeux se changent en fontaines;
Exprime-toi, mon cœur, par des larmes de sang.

---

1. *Plutarque* parle de certains Peuples, qui, dans leurs grandes afflictions, avoient des caveaux de deuil, où ils descendoient pour ne point voir la lumiere.

9. C'est le premier Temple de Jérusalem, qui avoit duré 410 ou 415 ans

13. *Les larmes nous manqueront plutôt, que la matiere de la douleur,* disoient des Affligés fameux dans l'Histoire. *Et quand nous aurions dans nos yeux une fontaine de larmes, cette fontaine ne suffiroit pas.* (St. Augustin.)

SONNET XXXVI.

SUR DANIEL.

GRand Miniftre & grand Saint, de Royale naiffance,
   Ton angélique efprit, dans un aimable corps,
Fut richement rempli des plus rares tréfors,
Qui faffent admirer la Divine Puiffance.

   Des principaux Etats, dans ta haute fcience,
Tu connus clairement les plus cachés refforts,
La naiffance de Chrift, & fes fanglans efforts,
Parurent de bien loin à ton intelligence.

   L'Efprit de l'Eternel s'exprima par ta voix :
Par lui tu fis trembler, tu détrônas les Rois :
Et ton cœur, en tout tems, fut un cœur intrépide.

   D'autres ont terraffé des Lions par leurs mains :
Mais toi feul, renfermé dans la grotte homicide,
Arrêtas, par tes vœux, leurs affauts inhumains.

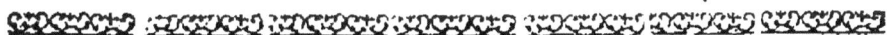

---

2. *L'Ange Gabriel le qualifie* l'Homme agréable. *Agréable à Dieu, aux Rois & aux Peuples pendant fa vie, & d'immortelle mémoire après fa mort.* Jofephe.

8. Lui feul, entre les Prophetes, & plus de cinq cens ans auparavant, a marqué le tems précis de la naiffance & de la mort du Meffie.

12. Comme *Samfon, David & Bénoja,* dans l'Hiftoire Sainte ; & d'autres dans la Profane, tels que font *Hercule, Polydamas, Lyfimaque,* & l'Empereur *Heraclius.*

SONNET XXXVII.

Sur les trois Princes Hebreux dans la Fournaise.

QU'en dis-tu, ma Raison? dois je en croire mes yeux?
Les trois jeunes Martyrs dans l'effroyable braise
Se promenent contens, respirent à leur aise,
Et semblent y sentir un air délicieux!

La flamme, à bonds légers, subtils, officieux,
Ou, n'osant les toucher, s'enfuit de la fournaise,
Ou, d'un toucher flatteur, les caresse & les baise,
Au moment qu'à leur aide un Ange vient des Cieux.

O généreux Enfans, d'éclante origine,
Que Dieu, comme de l'Or, dans le creuset affine,
Je vous en vois sortir & plus purs & plus beaux.

Ainsi, pour ses Elus, Dieu force tous obstacles.
Qu'ils passent par les feux, qu'ils passent par les eaux,
Son bras, pour les sauver, fait toujours des miracles.

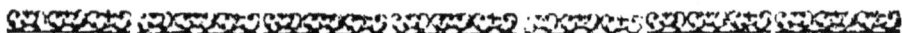

---

4. *La dignité du martyre n'en fut pas moindre en eux.* (St. Cyprien). *Ils furent rafraîchis d'une rosée céleste dans les flammes,* (dit Gregoire de Tours.) Ainsi, du tems de *Julien,* le Confesseur *Théodore* disoit qu'au milieu de ses tourmens un jeune homme lui étoit apparu, qui l'avoit toujours assisté & consolé, essuyant ses sueurs avec un linge fort fin, & versant de l'eau froide sur ses plaies brûlantes.

10. *L'Affliction est pour toi la fournaise & le creuset de l'Orfevre,* (St. Augustin.)

F

SONNET XXXVIII.

SUR LE RETOUR DE LA CAPTIVITÉ
DE BABYLONE.

Profopopée.

HEbreux, le croirons-nous? Peut-être c'eſt un ſonge,
C'eſt d'un eſpoir flatteur la douce illuſion ;
C'eſt d'un faux Paradis l'aimable viſion,
Trop foible allégement du ſouci qui nous ronge !

Non, non, c'eſt un miracle, & non pas un menſonge.
De nos longues douleurs Dieu prend compaſſion ;
Et ſa main vient noyer les ennuis de Sion,
Dans un fleuve de joie, où ſa bonté nous plonge.

Loin de nous, triſte objet de tant de maux ſoufferts!
Reprenez, Peuple ſaint, délivré de vos fers,
Vos harpes, ſi longtems aux ſaules ſuſpendues.

D'une effroyable nuit, Dieu vous fait un beau jour
Pouſſons de nos doux airs les accens juſqu'aux nues
Sa colere, aujourd'hui, fait place à ſon amour.

---

1. C'étoit la penſée des Juifs dans le Pſeaume CXXVI.
de St. Pierre après ſa délivrance.

6. 7. *La Jéruſalem des Juifs* (dit St. Auguſtin) *eſt la figure d*
la Jéruſalem éternelle, & le Monde eſt notre Babylone. Mai
comme, après 70 ans de captivité, les Juifs retournerent e
leur Ville ; ainſi, quand la ſemaine de notre vie ſera paſſée
nous retournerons dans notre Patrie.

8. Ainſi il eſt parlé d'un *Fleuve de délices* dans les Pſeaume
& dans l'Apocalypſe.

SONNET XXXIX.

SUR LA REINE ESTHER.

ESclave si constante en ton adversité,
Tu dois régner enfin; c'est le Ciel qui l'ordonne.
L'Amour même, surpris, de ta rare beauté,
Sur ton front glorieux va poser la couronne.

D'un Monarque puissant la fiere majesté,
Aux éclairs de tes yeux, s'éblouït & s'étonne;
Ce Monarque orgueilleux est en captivité,
Et son grand cœur, soumis, à tes loix s'abandonne.

Les attraits de ta voix, les charmes de tes pleurs,
Du saint Peuple opprimé détournent les malheurs,
Et font un Peuple heureux, d'un Peuple misérable.

La gloire de Juda fait ton ambition;
Et dans la belle ardeur d'un zele incomparable,
Tes innocens appas servent ta passion.

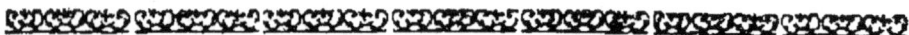

1. Elle étoit du reste des Captifs emmenés de Jérusalem en Babylone du tems de Jéchonias, mais elle tiroit son origine de la Maison Royale de Saül.
2. Ceci semble être arrivé après que le Temple de Jérusalem eut été rebâti.
5. C'étoit un Roi de Perse, nommé dans l'Ecriture *Assuérus*, c'est-à-dire, *Grand Prince*; & par Josephe *Artaxerxès*, c'est-à-dire, *Grand Guerrier*. Plusieurs tiennent que c'étoit *Artaxerxès Longue-main*.

FIN DU SECOND LIVRE.
F 2

SONNETS

CHRETIENS.

LIVRE TROISIEME.

SUR DIVERSES

HISTOIRES

DU NOUVEAU

TESTAMENT.

SONNET I.

SUR L'EVANGILE.

SOurce du vrai Bonheur, admirable nouvelle !
Le Roi des Rois descend du Séjour glorieux ;
L'Eternel s'est fait Homme, il paroît à nos yeux ;
Et l'Immortel endure une peine mortelle.

La porte de la Grace est ouverte au Fidele ;
Christ éteint par son sang la colere des Cieux,
Efface des Pécheurs les crimes odieux,
Et trace le chemin à la Gloire éternelle !

Ici, le Créancier devient le Débiteur :
Ici, le Juste souffre, au-lieu du Malfaiteur ;
Et j'y vois des secrets qui raviffent les Anges.

Nompareilles Grandeurs qui vous offrez à moi,
Envain j'entreprendrois de chanter vos louanges :
D'un mystere si grand l'éloge c'est la Foi.

9. *Admirable Oeconomie d'un mystere ineffable! Le Maître paye la dette du Serviteur : l'Innocent est puni pour le Coupable : un Dieu souffre la peine du péché de l'Homme. O Fils de Dieu, à quel point ta charité a t-elle été embrasée ! Jusqu'où est descendue ton humilité ! Jusqu'où est monté ton amour !* St. Augustin.

11. C'est pourquoi St. Pierre dit, qu'*ils desirent de les pénétrer jusqu'au fond.*

14. La Foi est un Panégyrique du cœur, qui surpasse tous ceux de la langue.   F 4

SONNET II.

SUR LA SAINTE VIERGE.

MEre du Rédempteur, mais toujours Vierge pure,
Que ton bonheur eſt grand, & ton ſort glorieux !
Quelle main, quel pinceau peut former la peinture
De l'immortel honneur que tu reçois des Cieux ?

Par toi, le Créateur veut être Créature :
L'Infini ſe renferme en tes flancs précieux ;
Ton Pere dans la Grace, eſt ton Fils par Nature ;
Et, ſortant de ton ſein, vient paroître à nos yeux.

Tu mets au jour l'Auteur des clartés éternelles ;
Et tu nourris, du lait de tes chaſtes mammelles,
Celui qui de ſes biens entretient l'Univers.

Eve nous fit mourir, par ſa fatale envie ;
Mais, ô Vierge féconde en miracles divers,
Dans le fruit de ta Foi tu nous donnes la vie.

---

5. *Il ne perdit pas ce qu'il étoit*, diſent quelques Anciens, *mais il commença à être ce qu'il n'étoit pas.* Le premier Concile d'Epheſe anathématiſe juſtement tous ceux qui dénient à la Sainte Vierge la qualité de Mere de Dieu. *Jeſus Chriſt*, dit St. Auguſtin, *s'eſt fait lui même une Mere, pour naître d'elle ; mais elle a été plus heureuſe de l'avoir conçu dans ſon cœur, que de l'avoir conçu dans ſon corps.*
14. *Marie eſt le Paradis myſtique qui a produit l'Arbre de vie.* St. Bernard.

SONNET III.

SUR LA NAISSANCE DE NOTRE SEIGNEUR.

O Myſtere fertile en merveilles étranges !
Ouvrèz ici , Mortels , & vos cœurs & vos yeux ;
Et vous , purs Séraphins , ſainte Troupe des Anges,
Venez , d'un vol ardent , en ces terreſtres lieux.

Celui , dont jour & nuit vous chantez les louanges,
A quitté , pour un tems , la demeure des Cieux :
Son habit de lumiere eſt caché ſous des langes,
Il change en un toit vil ſon Palais glorieux.

Le Fort, l'Ancien des Jours, eſt foible & dans l'enfance:
L'Inviſible ſe voit : Dieu même prend naiſſance:
L'Immortel eſt mortel , & l'Immenſe eſt borné.

Enfin, je l'apperçois couché dans une étable;
Et ravi, je m'écrie : Eternel nouveau-né,
Qu'en ton abaiſſement tu parois adorable !

─────────────────────────────────

7. *Jéſus-Chriſt en ſa Croix* , dit St. Auguſtin , *n'avoit pour ſa pourpre que ſon ſang ; mais ici* , dit St. Bernard , *il cache la pourpre de la Divinité ſous le cilice de notre mortalité.*

8. *Hélene* fit bâtir dans ce lieu obſcur un Temple ſuperbe, qui ſe voit voit encore aujourd hui.

14. *Nous l'adorons & nous l'embraſſons dévotement, en la Cre-che, en la Croix, & au Sépulcre, infirme, ſanglant, & pâle pour l'amour de nous.* St. Bernard.

F 5

SONNET IV.

SUR LE MEME SUJET.

MIférables Pécheurs, qui, dans un juste effroi,
Redoutez de l'Enfer & les feux & les gênes,
Accourez, pleins de joie, au Berceau du grand Roi,
Qui, de fes doux regards, peut foulager vos peines.

Il arrive des Cieux: je l'entens, je le voi.
Loin de nous pour jamais, ô terreurs inhumaines!
Jéfus nous garantit des foudres de la Loi:
Il vient fermer l'Enfer, il vient brifer nos chaines.

Jéfus à la mammelle, & Jéfus au berceau!
Eft-il, dans l'Univers, un fpectacle fi beau?
N'eft-ce pas ici l'Arche avec toute fa gloire?

Cet admirable Enfant n'eft-il pas le Dieu Fort,
Qui, naiffant pour combattre, a déjà la victoire,
Et qui n'eft fait Mortel, que pour dompter la Mort?

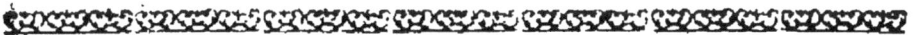

---

3. Le Berceau de Jéfus eft ici l'Arche myftique, où l'on
peut appliquer ce mot du Sage: *Le Roi affis fur fon trône
diffie tout mel par les regaras.*

5. Environ quatre mille ans après la Création. L'Ecriture
n'en marque précifément, ni la faifon, ni le jour. Il faut
méditer avec humilité ce filence myft érieux

13. Jéfus peut dire, en entrant au champ de bataille, comme
Céfar après en être forti: *Je fuis venu, j'ai vu, j'ai vain-
cu.* Voyez la Note fur le 12. vers du Sonnet XXI de ce
Livre.

SONNET V.

SUR LE PORTRAIT DE NOTRE SEIGNEUR.

TOi, qui fais peindre l'ame, en peignant le visage,
Timante industrieux, viens tracer un tableau,
Où tout ce que ton Art a de grand & de beau,
Par tes savantes mains, rencontre son usage.

Forme de la Vertu l'incomparable image,
Par les riches couleurs de ton rare pinceau :
Et si, pour l'ombrager, tu prends la Terre & l'Eau,
Des rayons du Soleil fais le jour de l'ouvrage.

Hâte-toi ; fai-nous voir, sous un visage humain,
L'Immortel, qui forma l'Univers de sa main.
Non ; ne l'entreprends pas, mortelle Créature :

Reconnois franchement ta foiblesse en ce lieu.
Tu peux de Jésus-Homme exprimer la figure :
Mais ton Art ne sauroit figurer l'Homme-Dieu.

---

2. Peintre fameux de l'Antiquité. On en dit autant d'un
Aristide.
5. C'est ici la Vertu revêtuë d'un corps, que *Platon* sans
la connoître, avoit tant souhaité de voir, comme le plus
charmant objet du Monde.
8. Ainsi *Tertullien* parle d'écrire avec les rayons du Soleil.
14. C'est ce qui fut sagement représenté par *Eusebe* de Césarée
à l'Impératrice *Constance*, qui lui demandoit le portrait
de Notre Seigneur.

SONNET VI.

SUR L'APPARITION DE L'ANGE AUX BERGERS.

BAnniſſez de vos cœurs cette crainte mortelle,
Bergers : l'Ange brillant, qui paroît à vos yeux,
Ne vient pas annoncer la colere des Cieux;
Sa voix eſt de la Paix l'interprete fidele.

Ecoutez, vous dit-il, la charmante nouvelle :
Le Rédempteur, promis aux Peres les plus vieux,
Eſt né dans Bethléhem, en ce jour glorieux;
Et d'une chaſte Vierge il ſuce la mammelle.

Allez, & contemplez par les yeux de la Foi,
Sous de chetifs lambeaux, la Pourpre du grand Roi;
Et ſon Berceau Royal, ſous une Creche obſcure.

Ne ſoyez point ſurpris des ténebres du lieu.
Jéſus, qui pour mourir a pris votre nature,
Ne doit pas, en naiſſant, paroître comme un Dieu.

━━━━━━━━━━━━━━━━━━━━━━━━━━━━━━━━━━━━━━━

2. Jéſus, l'Agneau de Dieu, eſt premiérement manifeſté aux
Bergers, comme il avoit été premiérement promis aux
Patriarches, qui étoient Bergers.

11. L'Etable où nâquit le Sauveur, eſt ſouvent nommée
par les Anciens une *Caverne*, ou une *Grotte*; parce que,
vu la ſituation de Bethléhem cette Etable pouvoit être
cavée dans le roc. C'eſt dans ce petit trou de la Terre, dit
St. *Jérôme*, qu'eſt né le Créateur du Ciel. Alors Bethléhem
répondit myſtiquement à ſon nom.

SONNET VII.

SUR L'ADORATION DES MAGES.

SUivez, Sages Gentils, suivez d'un prompt courage
Les divins mouvemens du céleste Flambeau,
Qui vous guide au Palais d'un Monarque nouveau,
A qui tout l'Univers doit venir rendre hommage.

Dites au sens charnel qui s'oppose au voyage,
Que Jésus est l'objet des objets le plus beau ;
Et que si, foible & pauvre, il pleure en son berceau,
La majesté d'un Dieu reluit sur son visage.

Adorant donc en lui le Roi de l'Univers,
Offrez-lui vos trésors, & vos présens divers.
L'Or, la Myrrhe, l'Encens que l'Arabe respire.

Mais le don précieux qui plaît à ce grand Roi,
Plus que ne lui plaît l'Or, ni l'Encens, ni la Myrrhe,
C'est un cœur plein d'ardeur, d'innocence, & de foi.

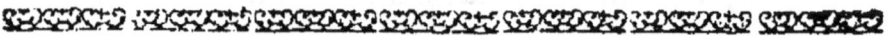

___

1. St Matthieu les appelle *Mages* : c'est le nom que les Orientaux donnoient à leurs Sages. St. Chrysostôme qualifie ceux-ci *les premiers Peres de l'Eglise*. Selon toute apparence ils venoient de Perse, ou d'Arabie.
2. C'est l'Etoile, ou plutôt la Comete miraculeuse qui leur étoit apparue, dont vraisemblablement un Ange gouvernoit la course, dans une des régions de l'air, au dessus des Mages : ce qui semble être l'opinion de St. Chrysostôme.

SONNET VIII.

SUR SAINT SIMEON.

TEs vœux font fatisfaits, ô Vieillard vénérable !
De l'Oracle du Ciel voici l'événement.
Oui, tes yeux rajeunis, en cet heureux moment,
Soutiennent les regards du Soleil adorable.

Tu le vois, tu le tiens, l'Enfant incomparable,
Qui, porté dans tes bras, porte le Firmament ;
Qui, dans fon berceau même, eft fans commencement ;
Et qui par-tout, enfin, eft toujours l'Admirable.

Qu'il t'eft doux, maintenant, de t'en aller en paix,
De ta loge de terre au Célefte Palais !
O bienheureux paffage ! ô fort digne d'envie !

C'eft-là pourtant le fort qui fuit toujours la Foi.
Mais de trouver la mort dans le fein de la vie,
C'eft ce qui n'eut jamais de vérité qu'en toi.

---

1. On eftime probablement qu'il étoit Précepteur, ou Pere de *Gamaliel.*
3. Un Auteur, qui fe trouve dans St. *Cyprien*, dit *que Siméon étoit aveugle, & qu'en touchant celui qui eft la Lumiere du Monde, il recouvra la vue.* Mais quelle apparence que l'Hiftoire Sainte eût omis un tel miracle ?
5. *Quelle joie de tenir entre fes bras celui en qui le Salut eft contenu* ! St. Auguftin.
13. *Il favoit qu'auffi-tôt qu'il auroit vu le Chrift, il devoit mourir.* (St. Syprien)

SONNET IX.

SUR LE MASSACRE DES ENFANS DE BETHLEHEM.

Victimes du Seigneur, au berceau couronnées,
Sous l'atteinte des coups du barbare couteau,
Par des bouches de sang, dans ce fameux berceau,
Vous confessez Jésus dès vos tendres années.

J'admire, jeunes Saints, vos nobles destinées.
Vos yeux, de leur matin, sont couverts d'un bandeau:
Mais le fer du Tyran, qui vous pousse au tombeau,
Avance votre gloire, en bornant vos journées.

Aussi, dans le moment que du sein maternel,
Vous passez dans le sein du Monarque éternel,
Cette angélique voix sur vos têtes resonne:

Rachel, ne pleurez point, vos pleurs sont superflus;
Et lorsque vos Enfans reçoivent la couronne,
Gardez-vous de crier, Mes Enfans ne sont plus !

---

1. Leur Hymne les qualifie *premieres victimes du Seigneur, troupe délicate d'agneaux immolés, qui dans la simplicité de leur âge se jouent de leurs palmes & de leurs couronnes; fleurs des Martyrs, que le Persécuteur de Jésus-Christ enleva dès le point du jour, comme un tourbillon qui emporte les roses naissantes.*

12. Selon la Figure pathétique employée dans l'Ecriture Sainte, Rachel, enterrée près de Bethléhem, représente ici toutes les Meres de ce lieu-là.

SONNET X.

Sur la Circoncision et le Bapteme de Notre Seigneur.

REtirez, Prêtres Juifs, retirez vos couteaux!
Quoi, du Divin Enfant la chair bénite & sainte,
Qui du péché d'Adam n'a reçu nulle atteinte,
Trouveroit-elle en vous aujourd'hui des Bourreaux?

Avec raison, grand Saint, sur le bord de tes eaux,
De baptiser Jésus tu témoignes ta crainte.
Lui, qui du Saint des Saints est l'image & l'empreinte,
A-t-il besoin de grace, en reçoit-il les sceaux?

Circoncire Jésus, lui donner le Baptême,
Comme si ce Jésus étoit pécheur lui-même,
C'est un juste sujet de mon étonnement!

Mais, mon ame, voici ce que la Foi t'enseigne,
Celui qui des Pécheurs veut souffrir le tourment,
Doit prendre leur livrée, & porter leur enseigne.

---

1. *Qu'est-ce que la Circoncision, sinon un indice de superfluité & de péché? Mais qu'y a-t-il de tel en toi, Seigneur Jésus? Que faites-vous donc, ô Hommes! d'entreprendre de le circoncire?* St. Bernard.

6. *Le Baptisant reconnut un Dieu dans celui qui vouloit être baptisé.* St. Augustin.

8. *Tu veux être baptisé, Seigneur Jésus. Mais celui qui est pur a-t-il besoin de purification? Et l'Agneau sans tache peut-il avoir quelque tache?* St. Bernard.

SONNET XI.

UR SAINT JEAN-BAPTISTE DECAPITÉ.

Haſte Perſécuteur d'une impudique Femme,
Tu combattis ſon vice, & ne le vainquis pas.
e zele, dont le Ciel embraſa ta ſainte ame,
rrita l'Adultere, & cauſa ton trépas.

Aux dépens de ta vie, une Danſeuſe infame,
ux yeux d'un Roi profane, étala ſes appas :
t d'un cruel Bourreau la ſanguinaire lame
it un plat, de ta tête, au tragique repas.

Mais pourquoi, ſi ſoudain, la mort précipitée
-t-elle ta lumiere à l'Univers ôtée ?
a bouche, en ſe fermant, en marque la raiſon.

Du Soleil de Juſtice, Etoile avant-couriere,
ois-je pas voir, dit-elle, éclipſer ma lumiere,
u point que ce Soleil monte ſur l'horizon ?

---

1. C'étoit *Hérodias*, petite-fille du grand *Hérode*, qui avoit quitté *Philippe* ſon mari, pour ſe donner à *Hérode Antipas* ſon beau-frere. St. *Jérôme* dit qu'elle perça, à coups d'aiguille, la tête de St. Jean-Baptiſte, lorſqu'elle lui fut apportée. Elle mourut en exil à Lyon. On dit que ſa fille *Salomé*, la Danſeuſe, danſa ſur l'eau à ſa mort, & eut la tête coupée par la glace, qui rompit ſous elle, comme elle paſſoit une riviere.

4. St. Jean fut décapité un peu après que Jéſus-Chriſt eut commencé ſon Miniſtere.   G

SONNÈT XII.

SUR LA TENTATION DE NOTRE SEIGNEUR AU DESERT.

ENflé du noir fuccès d'un deffein fanguinaire,
Qui du bonheur d'Adam te fit le deftructeur,
Tu viens, rempli d'audace, infame Tentateur,
Attaquer l'autre Adam, dans ce lieu folitaire.

Tu voulus, par le fer d'un cruel adverfaire,
Nous ravir au berceau ce Divin Rédempteur.
Ici, par ton poifon, tu veux, ô Séducteur !
Corrompre de fon fang la vertu falutaire.

Anges faints, approchez de ce Roi glorieux,
Qui deux fois attaqué, deux fois victorieux,
Repouffe le Démon dans fa grotte profonde.

Craindrons-nous, fier Démon, tes affauts & tes coups ?
N'es-tu pas terraffé par le Sauveur du Monde ?
Et fi tu l'es par lui, ne l'es-tu pour nous ?

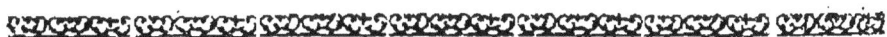

---

4. Le Démon attaque bien plus les hommes dans la folitude,
que dans la compagnie. St. Chryfoftôme. Les trois tentations, dont le fecond Adam fut vainqueur, répon-
dent ici aux trois tentations dont le premier Adam fut
vaincu.

5. Dans le maffacre qu'Hérode fit faire des petits Enfans de
Bethléhem.

14. Nous avons été tentés en la perfonne de Jéfus-Chrift. Et
c'eft auffi en lui que nous avons la victoire fur le Démon.
St. Auguftin.

SONNET XIII.

SUR LES SERMONS DE NOTRE SEIGNEUR.

Ciel, formas-tu jamais un Prophete femblable ?
Le Divin Rédempteur, dans fon Humanité,
Enrichi des tréfors de la Divinité,
Nous ouvre du Salut la fource inépuifable.

O Docteur des Docteurs, Pafteur incomparable !
Oracle de la Grace, & de la Vérité !
La Paleftine a vu, pendant plus d'un Eté,
Couler des fleuves d'or de ta bouche adorable.

Ta voix perce les cœurs, ta voix guérit les corps,
Dompte les Elémens, reffufcite les Morts,
Et tire les Mortels des immortelles flammes.

Mon efprit, en ce point, t'admire juftement :
Mais de te voir prêcher fans convertir les ames,
C'eft le plus grand fujet de mon étonnement.

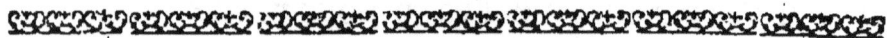

1. Auffi la voix du Ciel n'a jamais crié que pour lui feul, *Ecoutez-le.*
7. La Prédication de Jéfus-Chrift fut de trois ans & demi, felon l'opinion commune.
8. *Cicéron* nommoit le Style d'Ariftote, *un Fleuve d'or cou-lant.*
9. C'eft en Jéfus-Chrift, & non pas dans le *Périclès* d'A-thenes, que fe trouve le vrai *Orateur Olympien*, c'eft-à-dire l'Orateur Célefte & Divin, qui a la perfuafion fur les levres, & qui porte la foudre fur la langue.

SONNET XIV.

SUR L'ENFANT PRODIGUE.

Profopopée.

EMporté par l'eſſor d'un funeſte caprice,
Loin du Roi juſte & ſaint, du Dieu de Vérité,
J'ai trop longtems, hélas! follement habité
L'infame Région de l'Erreur & du Vice.

Là, dans les noirs excès d'une aveugle malice,
Ingrat & lâche Enfant, j'ai mon Pere irrité;
Et prodiguant ſes biens, par ma témérité,
Sur ma tête coupable attiré le ſupplice.

Aujourd'hui pénitent, miſérable, affligé,
Dans l'exces des malheurs où je me vois plongé,
J'ai recours à la Grace, & retourne à mon Pere.

Ma repentance obtient le pardon attendu.
O que mon infortune eſt pour moi ſalutaire!
Sans ma perte, Seigneur, j'aurois été perdu.

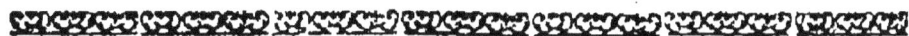

1. Ce n'eſt pas par le mouvememt du corps, ni par l'eſpace des lieux, mais par le mouvement du cœur, & par la diſpoſition de l'ame, que nous nous éloignons de toi, Seigneur, où que nous retournons à toi. St. Auguſtin.

14. C'eſt ainſi que *Thémiſtocle* après ſon exil d'Athenes, s'étant réfugié dans la Cour du Roi de Perſe, & s'y voyant magnifiquement traité, diſoit à ſes Enfans: *Mes Enfans, nous étions perdus, ſi nous n'euſſions été perdus.*

SONNET XV.

SUR LE MAUVAIS RICHE ET LE LAZARE.

ARrête ici, Paſſant, & d'un œil curieux,
Voi paroître en ſa pompe un Riche inſatiable :
Voi ſes puiſſans tréſors, ſes habits précieux,
L'éclat de ſon palais, le luxe de ſa table.

Mais regarde à ſa porte un ſpectacle odieux ;
Un Pauvre, qui malade, affamé, miſérable,
N'a pour lit que la Terre, & pour toit que les Cieux,
Et n'eſt plaint que des chiens dans ſon ſort lamentable.

Juge quel ſort des deux tu voudrois éviter ;
Juge quel ſort des deux tu devrois ſouhaiter ;
L'infortune du Pauvre, ou les biens de l'Avare.

Prens pour toi, ſi tu veux, la part de ce Créſus.
Pour moi, ſans balancer, je veux avec Lazare,
La pauvreté, la honte, & la croix de Jéſus.

---

8. Feinte Poëtique. Car, à la rigueur, ces Animaux prenoient plutôt Lazare pour un cadavre, dont ils ſe plai-
ſoient à ſucer le ſang & la ſalive, ſelon leur naturel.

11. *Ils changerent tous deux de condition, chacun à ſon tour.* St.
Auguſtin.

12. Alluſion à *Créſus* Roi de Lydie, fameux par ſes ri-
cheſſes.

13. Lazare, qui veut dire *deſtitué de ſecours*, ne fut plus *Lazare* en ſa mort. Dieu le fit porter par ſes Anges au ſein
d'Abraham.

SONNET XVI.

SUR LE PHARISIEN ET LE PUBLICAIN.

LA foudre, en sa fureur, brise & réduit en cendre
Des cedres hauts & durs les sommets sourcilleux:
Mais du bas serpolet, & de l'hysope tendre,
La tête est à couvert de ses coups périlleux.

Ainsi dans ce tableau, Pécheur, tu dois comprendre,
Que Dieu dans son courroux terrasse l'Orgueilleux:
Mais que l'Humble, qui sait dans le néant descendre,
Ressent de sa pitié les effets merveilleux.

Pharisien, tu péris! tu péris, Hypocrite!
Et l'heureux Publicain par ses larmes évite
L'épouvantable arrêt du malheur éternel.

Oui, Seigneur, il n'est rien qu'à l'Humble tu n'accordes:
S'il est, de sa nature, un pauvre Criminel,
Ses mérites, grand Dieu! sont tes Miséricordes.

---

9. Il étoit comme un Malade qui montroit ses membres
sains, mais qui cachoit ses plaies. Que Dieu couvre tes
plaies, & que ce ne soit pas toi-même. Car si tu les cou-
vres, le Médecin ne les guérira pas. *St. Augustin.*

10. Il étoit son Juge à lui-même, afin que Dieu lui fût
favorable. Il s'accusoit & se condamnoit lui-même, afin
que Dieu le justifiât. *Le même.*

14. C'est une pensée de *St. Augustin*, & de *St. Bernard* après
lui.

SONNET XVII.

SUR LA PARABOLE DES VIERGES.

Priere.

REdempteur immortel, Epoux incomparable,
Qui, par le prix fans prix de ton fang précieux,
Laiffant à ton Eglife un falut admirable,
As quitté notre Terre & regagné les Cieux :

Que jamais du Péché le fommeil déteftable,
Avec fes noir pavots, n'affoupiffe mes yeux :
Mais qu'en la courte nuit du fiecle périffable,
Je veille, en attendant ton retour glorieux.

Que la lampe à la main, comme une Vierge fainte,
Brûlant d'un zele ardent, & d'une foi non feinte,
Vers toi, mon cher Epoux, je marche inceffamment.

Que t'ayant de mes vœux la conftance affervie,
Et gardé de mon cœur la porte uniquement,
Tu m'ouvres dans la mort la porte de la vie.

---

13. La porte de ton cœur a comme deux battans, la con-
voitife & la crainte. Ferme-les au Démon, & les ouvre
à Jéfus-Chrift. *St Auguftin.*
14. La Mort lui fut la Porte de la Vie. *Epitaphe d'Adrien
Premier.* La Porte de la Vie t'a été ouverte. *Epitaphe de
Bérenger.* C'eft là où demeure l'Epoux Célefte, & où
font reçues les Vierges chaftes & faintes, qui ont confer-
vé leurs lampes ardentes, & leurs habits purs & fans
tache. *St. Chryfoftôme.*

G 4

SONNET XVIII.

SUR LES MIRACLES DE NOTRE SEIGNEUR.

QUel autre, qu'un vrai Dieu, pourroit faire à nos yeux,
 Ces beaux, ces grands exploits, d'éternelle mé-
moire ?
Quel autre affujettir l'Eau, la Terre, & les Cieux,
Et des plus fiers Démons remporter la victoire ?

Miracles inouïs, actes prodigieux !
Le Sourd entend Jéfus, l'Aveugle voit fa Gloire :
Le Malade, le Mort, à fa voix, en cent lieux,
Quitte fon lit mortel, fort de fa tombe noire.

Hélas ! mon doux Sauveur, regarde mon tourment ;
Dans l'état du Péché, je fuis fatalement
Sourd, aveugle, & malade, & mort dès ma naiffance.

Etens fur moi ta main, grand Roi de l'Univers !
Et par un feul effet de ta haute puiffance,
Tu feras en moi feul ces miracles divers.

---

2. Dans les miracles que Notre Seigneur, naiffant, vivant,
mourant, mort & reffufcité, a faits fur la Terre, fur
l'Eau, & dans les trois Cieux dont parle l'Ecriture, on
peut remarquer diverfes manieres & diverfes gradations,
qui en augmentent beaucoup le prix & la merveille. Et
même il femble que pour les faire paroître plus admirables, Dieu ait voulu laiffer fon Eglife neuf cens ans fans
miracles, c'eft-à-dire, depuis *Elifée* jufqu'à *Jéfus-
Chrift.*

SONNET XIX.

SUR LA TRANSFIGURATION DE NOTRE SEIGNEUR.

GRand Dieu! suis-je en la Terre, ou suis-je dans
    les Cieux?
Mon cœur est transporté d'un plaisir ineffable.
Les Saints, vieux & nouveaux, sont présens à mes yeux,
Et j'entens de leurs voix le concert admirable.

  Je vois, par millions, les Anges glorieux,
Et de leur Divin Roi la Personne adorable,
Dont la robe éclatante & le front radieux
Effacent du Soleil l'éclat incomparable.

  L'Esprit Saint sur Jésus me paroît arrêté:
Le Pere dans le Fils montre sa majesté,
Et le Fils est marqué par l'oracle du Pere.

  Mais si je t'envisage, ô Monarque des Rois!
Sanglant, défiguré, mourant sur le Calvaire,
Je t'admire bien moins au Tabor qu'en la Croix!

---

1. Cette Transfiguration se fit comme entre le Ciel & la
Terre, c'est-à-dire, selon l'opinion commune, sur le
Tabor, haute & ronde Montagne de Galilée. On y remarque des Prophetes & des Apôtres, des Saints du Ciel
& de la Terre, la Gloire & la Joie du Paradis, & la Prédication de l'Evangile. Le Pere s'y fait entendre; le Fils
y paroît, le Saint Esprit y inspire les deux Prophetes, &
sans-doute les Anges y sont présens. C'est une petite
image de l'Eglise, & militante & triomphante.

SONNET XX.

Sur la Penitence de la Pecheresse.

REbelle Créature, enfin tu rends les armes ;
Et rompant du péché les filets & les nœuds,
Tu viens, les yeux changés en deux fources de larmes,
Eteindre de ton cœur les impudiques feux.

De ce cœur criminel les trop juftes allarmes,
Aux pieds du Rédempteur te font poufler tes vœux,
Décharger tes foupirs, renoncer à tes charmes,
Et porter tes parfums, ta bouche & tes cheveux.

Tes vœux font exaucés, illuftre Pénitente !
L'effet de tes foupirs furpaffe ton attente,
Et tu reçois l'arrêt du Bonheur éternel.

Grand Dieu ! fi de ton Fils je n'ai pas la préfence,
Pour m'annoncer ainfi mon pardon folemnel,
Fai-m'en par ton Efprit prononcer la fentence.

---

6. D'autres Femmes étoient allées trouver Jéfus-Chrift pour
la guérifon du corps : celle-ci feule le vient trouver pour
la guérifon de fon ame, témoignant par-là qu'elle le
regardoit, non feulement comme un Homme, mais comme un Dieu. *St. Chryfoftôme.*

8. Couverte de plaies, elle vint fe jetter aux pieds du Célefte Médecin, & le Médecin permit à la Malade de le toucher, parce qu'il étoit lui-même fon médicament & fa
guérifon. *St. Auguftin.*

SONNET XXI.

SUR L'ENTRE'E ROYALE DE NOTRE SEIGNEUR DANS JERUSALEM.

PEuples, des Enfers la proie,
Un Sauveur, à cette fois,
Vous affranchit de leurs loix :
Eclatez en cris de joie.

Qu'en tout l'Univers on n'oie
Que l'écho de cette voix :
Béni soit le Roi des Rois,
C'eſt le Ciel qui nous l'envoie.

Couvrons la terre de fleurs :
Il vient eſſuyer nos pleurs :
Il vient nous donner la vie.

A ce Monarqne vainqueur
Ouvrons, d'une ame ravie,
Ouvrons la porte du cœur.

12. Un Roi d'Iſraël avertiſſoit ſagement un Roi de Syrie, de ne ſe pas glorifier de la victoire avant le combat. Mais ici le Roi des Rois eſt vainqueur, par cela même qu'il va combattre. Auſſi dans l'Apocalypſe il porte un titre & une couronne de Victorieux, lorsqu'il ſe prépare au combat. Voyez la Note ſur le 13. vers du Sonnet IV. de ce Livre.

14. C'eſt à cette porte qu'il frappe, lorsqu'il dit à ſon Egliſe : *Ouvre-moi, ma ſœur, ma grande amie, ma colombe, ma parfaite.* Cant. V.

SONNET XXII.

SUR L'AGONIE DE NOTRE SEIGNEUR AU JARDIN DES OLIVES.

MOn Sauveur, apprens-moi le sujet de tes peines,
De tes vœux, de tes cris, du torrent de tes pleurs,
De tes sueurs de sang, de tes vives douleurs,
Et du mortel effroi qui se glisse en tes veines.

Je ne vois point ici de croix, de clous, de gênes,
De Sergens, de Bourreaux, ni de Persécuteurs :
Je n'y vois que respect, qu'amour, que serviteurs,
Et que du doux sommeil les appas & les chaînes.

Du Monde & de l'Enfer crains-tu les Légions ?
Tu peux les Anges saints armer par millions,
Et d'autant d'ennemis faire autant de victimes.

C'est toi, répond Jésus, qui causes mon tourment :
La colere du Ciel, que je sens pour tes crimes,
Est le terrible objet de mon étonnement.

3. A parler généralement, une sueur sanglante peut arriver par de simples causes naturelles, comme la morsure d'un Serpent, & la violence de la douleur : mais cette sueur de Jésus-Christ est si extraordinaire, qu'elle doit passer pour miraculeuse.

13. Comme Pleige des Pécheurs. *Celui qui n'avoit aucun sujet d'être triste & affligé pour soi-même, a voulu l'être pour moi. O Seigneur ! tu es ici dans la douleur, non pour tes plaies, mais pour les miennes.* St. Augustin.

SONNET XXIII.

SUR LA TRAHISON DE JUDAS.

QUe n'inspires-tu point, Avarice damnable,
   A l'esclave abruti, dont tu saisis le cœur !
Du perfide Judas l'attentat détestable
Trahit, pour de l'argent, son Roi, son Bienfaiteur.

   Juste Dieu ! permets-tu que ton Fils adorable
Souffre la trahison d'un lâche Déserteur ;
Soit vendu, soit livré, par ce Traître exécrable,
Changé d'un Domestique, en un Persécuteur ?

   Mais avecque raison, dans mon transport extrême,
Doutant & suspendu je balance en moi-même,
Quel sujet mon esprit doit le plus admirer :

   Que le Ciel ait permis une action si noire ;
Ou que, l'ayant permise, il en ait su tirer
Le moyen d'élever ses Elus à la gloire ?

---

14. Le Pere a livré son Fils à la mort pour nous ; c'est par
miséricorde. Le Fils s'est livré lui-même ; c'est par charité. Judas l'a livré ; c'est par méchanceté & par avarice.
Judas remporte le salaire de son crime, & le Seigneur reçoit la louange de sa grace. Car ce n'est pas la trahison
de Judas qui nous a sauvés, c'est la toute-puissance
de Dieu, dont la sagesse admirable a fait servir un si grand
crime au salut de tous les Coupables. *St. Augustin* &
S. Chrysostôme.

SONNET XXIV.

SUR LA CHUTE ET LA REPENTANCE
DE S. PIERRE.

HElas! qui l'eût prévu , ce foudain changement ?
Qu'un rocher fût fi foible, & qu'au premier orage
Un Apôtre parût un homme fans courage,
Qui trois fois renonçât fon Maître lâchement ?

Mais pour lui reprocher fon perfide ferment,
Le vigilant Oifeau redouble fon langage :
Et Jéfus, dans les traits de fon divin vifage,
Lui fait lire fon crime avec étonnement.

Le regard du Seigneur pénétrant dans fon ame,
Son trifte cœur, percé comme d'un trait de flame,
Par le canal des yeux fait couler fes douleurs.

O mon Sauveur ! dit-il, dans fa jufte fouffrance,
Pour un crime fi noir, c'eft peu que de mes pleurs :
Le feul fang de ta Croix peut laver mon offenfe.

---

2. Allufion au nom de *Pierre*, & à la jactance de cet Apôtre.
6. Pour fymbole de Vigilance on met la figure du Coq
au haut des clochers
11. Il n'avoit pas pleuré auparavant, parce que Jéfus-Chrift
ne l'avoit pas regardé. Il pleure alors, parce que Jéfus-
Chrift le regarde. Ceux que Dieu regarde, pleurent leur
péché. *St. Ambroife.* Tout le refte de fa vie , *dit un Ancien,*
il pleuroit au chant du Coq, & fe mettant à genoux il
demandoit pardon de fa faute à Notre Seigneur.

SONNET XXV.

SUR LA CROIX DE NOTRE SEIGNEUR.

Sa Caufe.

PRodige incomparable, étrange conjonĉture !
Quoi, le jufte, le faint, le puiffant Roi des Rois,
Eft comme un Criminel attaché fur le Bois !
Et l'on verra mourir le Dieu de la Nature !

Hélas ! je fuis l'auteur des tourmens qu'il endure :
Pleurez, mes yeux, pleurez à l'efpeĉt de fa Croix.
C'eft par moi, Grand Jéfus, que réduit aux abois,
Tu fouffres cette mort, fi honteufe & fi dure.

Oui, pourquoi détefter les Juifs & les Romains ?
Je dois chercher en moi tes Bourreaux inhumains,
Pour mieux juger du prix de tes bontés divines.

Mes péchés, vrais Bourreaux, ont verfé tout ton fang,
T'ont fait boire le fiel, t'ont couronné d'épines,
T'ont cloué pieds & mains, & t'ont percé le flanc.

---

3. L'ufage du Supplice de la Croix fut aboli par *Conftantin*,
parce que Jéfus-Chrift ayant rendu la Croix honorable
par fa mort, on eftima, dit *St. Auguftin*, que les Criminels étoient honorés par ce fupplice, quelque infame qu'il
fût auparavant.

6. *Car mon amour a été crucifié*, dit *St. Ignace.*

13. *Godefroi de Bouillon*, étant élu Roi de Jérufalem, refufa
d'y prendre une Couronne d'or ; *parce*, difoit-il, *que
fon Sauveur y en avoit porté une d'épines.*

SONNET XXVI.
SUR LE MEME SUJET.

Ses Effets.

QUi l'eût jamais penſé? qui l'eût jamais pu croire?
   L'adorable Jéſus, meurtri, percé de clous!
Le Soleil éternel, dans l'ombre la plus noire!
Le propre Fils de Dieu, l'objet de ſon courroux!

Je vois dans cette mort, d'immortelle mémoire,
L'Innocent condamné, le Criminel abſous:
La guerre y fait la paix, la honte y fait la gloire,
Et la peine d'un ſeul eſt le ſalut de tous.

Anges ſaints, adorez ces Grandeurs ineffables:
Et vous, aveugles Juifs, vous, Payens déteſtables,
Ceſſez votre blaſphême inſolent & moqueur.

Jéſus eſt le Dieu fort, dans ſa foibleſſe extrême.
Sa croix eſt l'ornement & le char d'un Vainqueur.
Et ſa mort eſt, enfin, la mort de la Mort même.

---

10. Les Mahométans, non plus que les Juifs & les Payens, ne pouvant digérer cette croix, prennent comme un tiers parti, en ſuppoſant que Jéſus-Chriſt juſte & ſaint échappa à ſes Bourreaux, & qu'un Fantôme fut crucifié en ſa place.

13. *Jéſus-Chriſt a triomphé dans le trophée de la Croix.* Tertullien & St. Cyprien après St. Paul. *Il a dompté le Monde par le bois, & non par le fer.* St. Auguſtin.

14. *Ce Mort a tué la Mort; & elle a été plus morte en lui, qu'il n'a été mort en elle. Ta mort, Seigneur, a fait mourir celle des Pécheurs.* Le même.

SONNET XXVII.

SUR LA CONVERSION DU BON LARRON.

Renoncer à foi-même, à son sens, à ses yeux ;
Voir briller le Soleil dans la nuit la plus noire ;
Prendre pour le Sauveur, en qui seul il faut croire,
Le triste compagnon d'un supplice odieux :

Disciple tout nouveau, surpasser les plus vieux ;
Sous l'horreur d'une Croix, chercher le Roi de Gloire ;
Dans le supplice même, obtenir la victoire ;
S'envoler tout-à-coup de l'Enfer dans les Cieux :

Enfin, être changé, métamorphose étrange !
D'un Loup en un Agneau, d'un Démon en un Ange :
Ce sont, heureux Voleur, les effets de ta foi.

Mais que du Rédempteur la vertu nompareille,
Produise, par sa mort, ces miracles en toi,
C'est de tout ce tableau la plus haute merveille.

---

8. *Il gagna le salut, comme en abrégé, tout en un jour.* St.
Bernard. *Cet heureux Voleur força le Royaume des Cieux.
Il alla du fond des vallées de son brigandage au Jugement,
du Jugement au Bois, & du Bois au Paradis.* St. Augustin.

13. *Tout son corps étoit attaché sur le Bois. Il ne lui restoit
que le cœur & la langue libres. Il crut du cœur, & il
confessa de la bouche. Mais qui lui donna cette foi, sinon
celui qui étoit pendu à son côté ?* Le même.

H

SONNET XXVIII.

SUR LES MIRACLES ARRIVE'S 'A LA MORT DE NOTRE SEIGNEUR.

TOut confpire, Seigneur, à plaindre ton tourment;
L'Aftre du Jour en deuil nous fait voir fa trifteffe;
Le Lieu Saint ébranlé, dans cet événement,
En déchirant fon voile, exprime fa détreffe.

La Terre eft dans l'horreur, & dans le tremblement;
Les Rochers les plus durs marquent de la tendreffe :
La Bande des vieux Saints, quittant le monument,
A pleurer ton trépas à l'envi s'intéreffe.

Le Peuple de Judée, & les Soldats Romains,
Témoignent leurs regrets, de la bouche & des mains,
Et fentent dans leurs cœurs de ta Croix la puiffance.

Enfin, tout l'Univers eft touché de ton fort :
Et moi, dont les péchés ont caufé ta fouffrance,
Hélas ! ferai-je feul infenfible à ta mort ?

---

2. Par une Eclipfe furnaturelle, car elle arriva dans la pleine
Lune, au-lieu que le Soleil ne fouffre jamais d'Eclipfe
qu'en la nouvelle Lune. Auffi cette Eclipfe fut-elle mar-
quée, comme un Prodige, dans les Archives des Payens,
au rapport de *Tertullien* : & l'on dit que *Denis*, Philofophe d'Athenes, s'écria en la voyant, *ou que la Nature
alloit périr, ou que le Dieu de la Nature fouffroit alors.*
Jéfus-Chrift eft le feul homme dont la naiffance & la
mort ayent été honorées par des miracles.

SONNET XXIX.

SUR LA SEPULTURE DE NOTRE SEIGNEUR.

ETrange abaiſſement! incroyable avanture!
L'Immortel eſt couché dans l'affreux Monument.
Le Roi, dont la Grandeur remplit le Firmament,
Eſt Eſclave & Captif dans une Grotte obſcure.

Quoi, lui, qui de ſon ſouffle entretient la Nature,
Lui, qui donne aux Humains l'être & le mouvement,
Eſt donc privé de voix, de pouls, de ſentiment,
Dans le ſéjour des Morts, & de la Pourriture!

Mais regarde, Chrétien, dans ce même Tombeau,
Du Prince de la Vie un Triomphe nouveau;
Vois-y briller les traits de ſa Gloire immortelle:

Pour ton Salut, il veut, par un dernier effort,
Dans le Retranchement de cette Citadelle,
Enviſager, combattre, & terraſſer la Mort.

---

4. C'étoit le ſépulcre de *Joſeph d'Arimathée. Le Vainqueur de la Mort, de St. Ambroiſe, n'eut point de ſépulcre en propre; lui, de qui le ſiege eſt dans le Ciel, & qui ne devoit dormir que trois jours dans le tombeau. Il fut mis dans un ſépulcre étranger, dit St. Auguſtin, parce qu'il mouroit pour le ſalut d'autrui. Pourquoi un ſépulcre en propre, à celui de qui la mort n'étoit pas une mort en propre?*
14. *St. Grégoire de Nazianze* nomme le Sépulcre de Jéſus-Chriſt, *un Sépulcre qui apporte la Vie.*

H 2

SONNET XXX.

SUR LE VOYAGE DE LA MADELEINE AU SE-PULCRE DE NOTRE SEIGNEUR.

OU't'emporte ton zele, aveugle Madeleine ?
L'excès de ton amour a-t-il fermé tes yeux ?
Laiſſe de ton projet les ſoins injurieux :
Ton travail eſt ſans fruit, ta prévoyance eſt vaine.

Tu perds également ta dépenſe & ta peine :
Garde, garde pour toi tes Parfums précieux;
Et viens plutôt, d'un pas ſaintement curieux,
Admirer du Sauveur la vertu ſouveraine.

Quoi, tu crains que le Corps du Roi de l'Univers
Souffre la pourriture, & ſoit rongé des vers !
Songe à ſa Pureté; ſonge à ſon Origine.

Jéſus, le Saint de Dieu, banniſſant ton erreur,
Parfume le Tombeau de ſon odeur divine;
Et lorſqu'il y deſcend, il en ôte l'horreur.

---

11. Le Corps de Jéſus-Chriſt, qui n'avoit jamais ſenti la corruption du Péché, ne ſentit point la corruption du Tombeau, pendant quelque trente-ſix heures qu'il y demeura; ſoit que cela ſe fît par la rencontre de diverſes cauſes naturelles, diſpenſées par la Sageſſe de Dieu; ſoit que la Vertu de Dieu y intervînt miraculeuſement, & pour accomplir les Prophéties, parce que c'étoit le Corps du Saint de Dieu.

14. Ainſi le Tombeau n'eſt plus pour nous qu'un Cimetiere, c'eſt-à-dire, un Dortoir.

SONNET XXXI.

SUR LA RESURRECTION DE NOTRE SEIGNEUR.

Sa Pompe.

LE voici, le grand Roi, le Sauveur glorieux,
Le Soleil de Justice en sa course nouvelle,
Le tout-puissant Jésus, qui sort victorieux
Du ténébreux cachot de la Grotte mortelle.

Les Anges, descendus de la voûte des Cieux,
Pour assurer ma foi, pour embraser mon zele,
Viennent, pleins d'allégresse en habits radieux,
Honorer du Seigneur la Pompe solemnelle.

La Terre en est émue, & l'Astre aux blonds cheveux
Sort de l'Onde à grand'hâte, & prend de nouveaux feux,
Au lever du Soleil dont il est la peinture.

Ouvrez-vous, tous mes sens ! voyez ici, mon cœur !
L'intérêt de Jésus y porte la Nature :
Mais c'est pour mon salut que Jésus est vainqueur.

---

1. Entre les Payens, le premier jour de la Semaine étoit appellé *le jour du Soleil*. Nous pouvons encore le nommer ainsi, en l'honneur de la Résurrection du Seigneur, qui est le Créateur du Soleil, & le Soleil de la Grace.

6. *C'est peu de chose, de croire que Jésus-Christ est mort; les Infideles le croyent comme nous. Mais la Résurrection du Seigneur est proprement la Foi des Chrétiens.* St. Augustin.

8. Ils l'ont servi par dix fois, depuis sa Conception jusqu'à son Ascension.

H 3

SONNET XXXII.

SUR LE MEME SUJET.

Ses Effets.

ENvain, Grotte funebre où mon Sauveur fommeille,
Tu prétens pour toujours l'enfermer dans ton fort:
Ce myſtique Samſon à minuit ſe réveille,
Et briſe, à ſon réveil, les portes de la Mort.

Son agréable voix vient frapper mon oreille:
Il parle dans ſa Grotte, au moment qu'il en ſort:
Il m'apprend de ſa Croix la vertu nompareille,
Et, par ſes doux accens, il aſſure mon fort.

A vous, Chrétiens, dit-il, appartient ma victoire;
Ma victoire eſt pour vous le gage de la Gloire;
Et mes ſanglans combats vous ont acquis la Paix.

J'ai terraſſé la Mort, vivez en aſſurance.
J'ai ſatisfait pour vous, voyez-en les effets:
En ſortant du Tombeau, j'en montre la quittance.

---

3. Alluſion à l'Hiſtoire de Samſon renfermé dans la Ville
de Gaza. Auſſi quelques Anciens, prenant cela pour une
figure de la Réſurrection de Notre Seigneur, ont eſtimé
qu'il étoit reſſuſcité à minuit. D'autres, comme *St. Cyprien*, diſent au moins avant le lever de l'Aurore. L'Écriture n'en marque pas le moment précis.

4. *Il a briſé les portes de diamant & les ſerrures d'airain des
Enfers.* Tertullien.

6. Jéſus-Chriſt ſeul, de tous les Reſſuſcités, parle dans l'Écriture Sainte.

SONNET XXXIII.

SUR L'ASCENSION DE NOTRE SEIGNEUR.

Applaudissement.

MErveille sur merveille, & Grandeur sur grandeur!
Incomparable Jour! Allégresse publique!
Où l'auguste Jésus, sur un Char magnifique,
Fait briller dans les airs sa plus vive splendeur.

Que tout ce que le Ciel contient dans sa rondeur,
Que la Bande des Saints, que la Troupe Angélique
Accoure à ce Spectacle, & formant un Cantique,
Témoigne au puissant Roi son zele & son ardeur.

Haussez-vous, grands Porteaux d'éternelle structure;
Et sur vos riches fronts, dans cette conjoncture,
Exprimez votre joie aux yeux de l'Univers.

Le Dieu qui vous a faits, le Monarque de Gloire,
Sur la Terre a vaincu, par cent combats divers ;
Et son triomphe, au Ciel, doit suivre sa victoire.

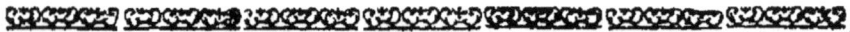

---

3. Le Corps glorieux du Seigneur n'avoit pas besoin d'une Nuée pour le porter dans le Ciel. Mais ce Char lui fut donné pour la magnificence du Triomphe, puisque c'est le Char de Dieu même, comme il paroit dans les Pseaumes. *La Créature*, dit un Ancien, *rend par-tout obéissance à Jésus-Christ son Créateur. Les Astres marquent sa Naissance, & ils se couvrent dans sa Passion. Les Nuées le portent au Ciel, & elles l'accompagneront lorsqu'il en reviendra pour juger le Monde.*

H 4

SONNET XXXIV.

SUR LE MEME SUJET.

Profopopée des Apôtres.

POurquoi nous arrêter fi long-tems en ces lieux,
　Nous, que du Roi des Rois le prompt départ étonne?
Jéfus, qui dans la nue, en s'élevant, rayonne,
Va triompher, pour nous, dans le plus haut des Cieux.

Contemplons, admirons fon Char victorieux!
Quel nombre de Captifs le preffe & l'environne!
Et combien de fleurons compofent la Couronne,
Qui brille fur le front de ce Roi glorieux!

Notre cœur vole à toi, plus haut que les Etoiles,
Et du vafte Lambris percé, avec toi, les voiles,
Pour te fuivre, ô grand Roi! dans ce pompeux Séjour.

Tu t'en vas, Fils de Dieu, nous y préparer place:
Mais hâte l'heureux tems d'y contempler ta face:
Vivre éloigné de toi, c'eft mourir chaque jour.

6. *Les Démons, le Péché, & la Mort, qui dominoient dans le Monde.* St. Chryfoftôme.

9. *Notre afcenfion au Ciel ne fe fait pas maintenant par les pieds du corps, mais par les affections du cœur. Le Corps de Jéfus-Chrift eft enlevé de devant vos yeux, mais fa Divinité n'eft point féparée de vos cœurs. Voyez-le monter, croyez en lui abfent, efpérez fon retour; mais auffi fentez le préfent par une fecrette miféricorde.* St. Auguftin.

10. *Allufion au Voile du Temple, qui empêchoit la vue du Sanctuaire.*

SONNET XXXV.

Sur la Pentecôte Chrétienne.
Profopopée des Témoins.

Qu'apperçoivent nos yeux ? qu'entendent nos oreilles ?
Quel eſt ce Vent qui fouffle impétueuſement ?
Quels ſont ces douze Eclats du plus haut Elément ?
Veilles-tu, mon Eſprit ? Peut-être tu ſommeilles ?

Nous voyons, nous oyons, des choſes nompareilles,
Des Gens vils & groſſiers, Docteurs en un moment,
Des Myſteres de Dieu parlent divinement,
Et vont à chaque Peuple annoncer ſes merveilles.

O Juifs, Parthes, Perſans, Grecs, Arabes, Romains !
Recevez le Salut que Dieu donne aux Humains :
Ce Vent vous pouſſera dans le Port de la Gloire :

Ce Feu, perçant vos cœurs, défillera vos yeux :
Et ces Docteurs enfin, ſi vous les voulez croire,
Vous prendont par la main, pour vous conduite aux Cieux.

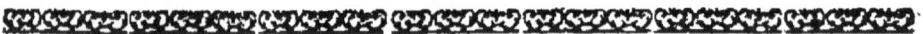

———————————————

3. Ce ſont les douze Langues de Feu qui deſcendirent alors ſur les Saints Apôtres, & qui étoient les Symboles éclatans des Dons miraculeux du St. Eſprit.
8. *La Tête, c'eſt-à-dire, Jéſus-Chriſt, eſt au Ciel,* dit St. Auguſtin ; *& les Pieds ſont en la Terre. Quels ſont les Pieds du Seigneur en la Terre ? Ce ſont les Apôtres, qui ont été envoyés par tout le Monde. Ce ſont les Evangéliſtes, par leſquels le Seigneur viſite toutes les Nations. Il eſt venu par ſes Prédicateurs, & il a rempli tout l'Univers.*

H 5

SONNET XXXVI.

SUR LE MEME SUJET.

Apoſtrophe au Saint Eſprit.

ESprit Saint, dont le ſouffle a formé l'Univers,
  Par ton ſouffle, aujourd'hui, toutes choſes tu
    changes :
La Terre eſt faite un Ciel, les Hommes ſont des Anges,
Pour porter ta lumiere en cent Climats divers.

  Les Hérauts de Jéſus, en moins de trente hivers,
Rendront le Monde entier l'écho de ſes louanges :
Douze Langues de feu, par des exploits étranges,
Mettront du fier Démon la puiſſance à l'envers.

  O ſouffle tout-puiſſant ! dont la divine flame
Guérit, par ſa vertu, l'aveuglement de l'ame,
Et juſqu'au monument fait ſentit ſon effort.

  L'Erreur & le Péché mon ame ont aſſervie ;
Et mon cœur eſt tranſi des horreurs de la Mort,
Que ton Feu ſoit, pour moi, la Lumiere & la Vie.

---

3. *Les Apôtres ont été faits les Cieux, qui publient la Gloire de
Dieu.* St. Auguſtin. *La Grace du St. Eſprit ayant été a-
bondamment répandue le jour de la Pentecôte, elle change
tout le Monde en Ciel.* St. Chryſoſtôme. *Et ſi de la boue
Dieu a fait un Homme, ne pourra-t-il pas d'un Homme
faire un Ange ?* St. Auguſtin.

9. *Les Apôtres, étant enflammés de ce Feu céleſte commence-
rent à aller par le Monde, & embraſerent leurs Ennemis
tout-à-l'entour.* Le même.

SONNET XXXVII.

SUR LE MARTYRE DE S. ETIENNE.

Qu'il forte de fa tombe, & qu'il fe montre à nous,
Ce premier des Martyrs, qui d'un cœur invincible,
Couvert du bouclier d'une force invifible,
Soutint l'affaut mortel d'une grêle de coups!

Loin d'exciter nos pleurs, fon fort nous rend jaloux.
Voyez ce faint Athlete, aux douleurs infenfible,
Et vainqueur, au plus fort d'un combat fi terrible,
S'endormir doucement fur un lit de cailloux.

Son nom, dès le berceau, lui promit la couronne:
Et Dieu, qui dans la Gloire aujourd'hui la lui donne,
Lui fait voir fur la Terre un prix fi glorieux.

Prêt d'entrer dans le Ciel, ô paradoxe étrange!
Il femble que le Ciel foit entré dans fes yeux;
Et qu'Etienne mortel, en mourant, foit un Ange.

---

4. *L'Ecriture Sainte lapide les Hérétiques.* St. Athanafe. Comme donc les paroles de St. Etienne avoient lapidé les Juifs, les pierres des Juifs le lapiderent à leur tour, St. Auguftin.

9. Le nom d'*Etienne* fignifie une Couronne.

13. Il fut feul des Vivans fur la Terre affocié avec St. Paul, fon coufin, comme on l'eftime, au privilege d'avoir vu Jéfus-Chrift dans la gloire de fon Ciel.

14. *Il étoit revêtu de la gloire & de la dignité des Anges.* Tertullien.

SONNET XXXVIII.

SUR LA CONVERSION DE St. PAUL.

GRand Berger d'Israël, que ta haute Puissance
Arrête les efforts de ce Loup furieux :
De ce Saul, qui poursuit tes Troupeaux précieux,
Altéré de leur sang, armé de violence.

C'en est fait : tu parois en ta magnificence,
Suspendu dans les airs, terrible, radieux,
La foudre dans la bouche, & l'éclair dans les yeux,
Pour terrasser sa fiere & barbare insolence.

Ta lumiere & ta voix ont pénétré son cœur ;
Et l'Ennemi se voit, aux pieds de son Vainqueur,
S'écrier tout tremblant : Que veux-tu que je fasse ?

Enfin dans un moment, ô puissant Rédempteur !
Tu fais, d'un Loup cruel, un Agneau de ta grace :
Et cet Agneau sera des Agneaux le Pasteur.

---

3. *Premiérement Saul, fier, superbe & élevé ; & puis* Paul,
humble, obéissant & soumis. Saul par sa malice, Paul *par
la grace de Dieu.* St. Augustin.

9. *Une fleche fut tirée du Ciel ; & l'Ennemi de Jésus-Christ
tomba par terre, frappé au cœur.* Le même.

13. 14. *Au matin, un Loup ravissant la proie ; au soir, un
Pasteur donnant la nourriture. On tient qu'il avoit alors
trente-trois ans.* Le même.

SONNET XXXIX.

SUR LA PRISON ET LA DELIVRANCE DE S. PIERRE.

DU prisonnier Céphas voyez la fermeté!
Cent personnes, en lui, plus que lui prisonnieres,
Redoutent du Tyran les forces meurtrieres:
Lui seul, dans ce péril, repose en sûreté.

Pierre, réveille-toi; l'Ange est à ton côté;
De tes gardes veillans il ferme les paupieres,
De ton cachot affreux il ouvre les barrieres,
Et fait tomber les fers de ta captivité.

Du Captif délivré l'incertaine pensée,
Dans cet heureux moment, se trouve balancée,
S'il n'est libre qu'en songe, ou libre en vérité.

Reviens à toi, grand Saint; béni ta délivrance:
La main du Tout-puissant te met en liberté,
Pour ranger l'Univers à son obéissance.

---

1. *Céphas* en Syriaque est le nom de *Pierre*, ici vrai Rocher par sa fermeté.

3. C'étoit *Hérode Agrippa*. Il avoit déjà fait trancher la tête à St. Jaques le Majeur, fils de Zébédée, & il vouloit faire mourir St. Pierre le lendemain.

12. *Dieu délivre ici Pierre, & il ne le délivra pas dans son martyre. Est-ce qu'en ce tems-là Pierre n'étoit plus saint? Non: mais c'est qu'alors Dieu voulut le délivrer de tous ses maux.* St. Augustin.

SONNET XL.

Sur la Mort d'Herode Agrippa.

VOyez ce Roi superbe, en sa magnificence.
Il brille sur un Trône, au milieu des Flatteurs :
Ses Sujets, étonnés, sont les adorateurs
Des charmes surprenans de sa rare éloquence.

Ce n'est pas un Mortel, dit leur folle insolence ;
D'une céleste voix nous sommes auditeurs,
Et d'un visible Dieu les heureux spectateurs :
O Majesté divine ! ô suprême Puissance !

Mais un Ange renverse, & l'Idole, & l'Autel :
Et tout-à-coup ce Dieu, foible, infirme, & mortel,
Est rongé par les vers, & par la pourriture.

Vous qui, le Sceptre en main, régnez dans l'Univers,
Pourrez-vous échapper aux Loix de la Nature,
Si, vivans, vous pouvez être mangés des vers ?

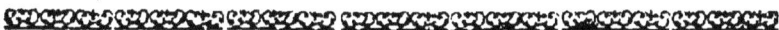

---

1. Il étoit fils d'*Aristobule*, & petit-fils du Grand *Hérode.*
C'est lui à qui *Caligula* donna une Chaîne d'or, du même poids qu'étoit sa Chaîne de fer sous *Tibere.* Voyez la Note sur le 3. vers du Sonnet précédent.
2. Haranguant le Peuple de Céfarée dans une Robe toute d'argent, d'une tissure nompareille, & qui étant frappée des rayons du Soleil, jettoit un éclat céleste.
10. *Hélas* ! s'écria-t-il alors, *que votre mensonge est sensible !* *Moi, que vous venez de nommer* Dieu, *je reçois l'ordre de mourir incontinent.* Joseph.

SONNET XLI.

Sur le Voyage de S. paul 'a Rome.

TEs fers font moins pefans, qu'ils ne font falutaires,
    Illuftre Prifonnier ; c'eft par eux que tu dois
Arborer en tous lieux l'Etendart de la Croix,
Malgré tous les efforts des Puiffances contraires.

La Mer, les Vents, les Flots, les Ecueils, les Viperes,
Les Hommes, les Démons, les Peuples, & les Rois,
Unis pour arrêter les progrès de ta voix,
Paroîtront, contre toi, de foibles Adverfaires.

Marche, intrépide Paul ; affronte les hazards ;
Gagne à ton Rédempteur le Palais des Céfars ;
Et jufqu'aux bords du Tibre avance ta victoire.

Là couvert de lauriers, & Vainqueur des faux Dieux,
Un Char fanglant te porte au Temple de la Gloire,
Et la main du Bourreau te fait voler aux Cieux.

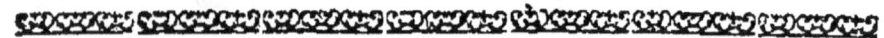

---

10. *St. Jérôme* dit que St. Paul, prifonnier à Rome, trouva
    moyen de faire une Eglife de Jéfus-Chrift dans le Palais
    même de fon Perfécuteur. Et *St. Chryfoftôme* affure que
    ce grand Apôtre convertit même une des Maîtreffes de
    l'Empereur.
14. Allufion à ce qu'on dit, que la tête de St Paul, lorfqu'il
    fut décapité, fît trois bonds en l'air, comme pour mar-
    quer que fon ame s'envoloit au troifieme Ciel. On tient
    qu'il étoit alors âgé de foixante-huit ans.

FIN DU TROISIEME LIVRE.

SONNETS

CHRETIENS.

LIVRE QUATRIEME.

SUR DIVERSES

GRACES,

ET

DIVERS ETATS.

I

LIVRE QUATRIEME.

SONNET I.

SUR L'EGLISE.

SAinte Fille de Dieu, qui n'as, pour ta défence,
Que le feu de ton cœur, & que l'eau de tes yeux :
Satan t'a fait la guerre au point de ta naiſſance,
Et te la fait encore aux âges les plus vieux.

Il trouble ton repos, de toute ſa puiſſance :
Et ce fier Ennemi, de ta gloire envieux,
Tantôt flatte tes ſens d'une belle apparence,
Et tantôt fond ſur toi, comme un Loup furieux.

Mais envain, pour te perdre, il ſe ſert de ſes armes:
Envain, pour te ſéduire, il emprunte des charmes:
Ta foi fait repouſſer & ſes biens & ſes maux.

Jéſus combat pour toi, te promet la victoire ;
Et t'aſſurant du prix, au plus fort des aſſauts,
Par un chemin de ſang te conduit à la gloire.

---

4. *L'Egliſe eſt maintenant combattue dans ſa vieilleſſe, mais qu'elle ne craigne point. Elle a été combattue dès ſa jeuneſſe, mais cela l'a-t-il empêchée de parvenir à la vieilleſſe? cela a-t-il été capable de la détruire?* St. Auguſtin.

7. *La perſécution du Démon, ou comme Serpent, ou comme Lion, ne ceſſe jamais en l'Egliſe. Mais il eſt plus à craindre lorſqu'il ſéduit, que lorſqu'il eſt en fureur.* Le même.

12. *Le Seigneur lui même lutte & combat en nos perſonnes.* St. Cyprien.

I 2

SONNET II.

SUR LA PAROLE DE DIEU.

QUi peut affez louer, ô grand Dieu! ta Parole?
　C'eft un glaive tranchant, un tréfor précie
Un fon qui retentit de l'un à l'autre Pole :
Un miroir de ta Face, un rayon de tes Yeux.

C'eft de ta Vérité l'admirable fymbole:
C'eft le lait des Enfans, c'eft le vin des plus vieux,
C'eft aux pauvres Mortels le phare & la bouffole,
Qui conduit fûrement leur vaiffeau vers les Cieux.

C'eft la douce rofée, & la riche femence,
Qui fait germer la Foi, qui produit l'Efpérance ;
Et qui nous fait revivre, au milieu du trépas.

Ainfi, malgré l'Enfer, & malgré fon envie,
Ni vivant, ni mourant, je ne périrai pas;
Puisque j'ai dans mon cœur ce principe de vie.

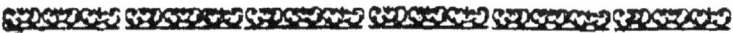

---

1. On dit qu'un Peintre fameux dans l'Antiquité, voula
peindre une Beauté Célefte, emprunta pour ce deffein l
traits & les graces de plufieurs objets de la Terre. L'
criture Sainte en ufe de la forte à l'égard des fujets Di
vins. Ici l'on emprunte de même diverfes images
diverfes idées, pour repréfenter les perfections & l
propriétés diverfes de la Parole de Dieu.
5. Le vin eft le lait des Vieillards, difent les Rabins.

SONNET III.

SUR LES SACREMENS.

BÉni ton Dieu, mon ame, admire fa clémence :
Voi comme il te foulage en ton infirmité :
Voi comme il veut forcer ton incrédulité :
Et par tes propres fens bannir ta défiance.

Chrétien, que manque-t-il à ta pleine affurance ?
Il parle, il te promet, ce Dieu de Vérité :
Il jure par fon Nom, par fon Eternité :
Enfin il met des fceaux à fa fainte Alliance.

Hé bien ! Seigneur, je crois ; je fens ton Bras vain-
     queur.
Qui, préfentant ta Grace aux portes de mon cœur,
Apprend à tous mes fens ta Bonté nompareille.

Tous mes fens donc ici viennent aider ma foi :
L'œil, le goût, l'odorat, le toucher, & l'oreille,
Me difent, qu'en effet Jéfus eft tout à moi.

---

4. *Les Sacremens font des paroles vifibles.* St. Auguftin. *Si nous
n'avions point de corps, il n'y auroit rien de corporel dans
les dons que Dieu nous fait. Mais parce que notre ame
eft jointe à un corps, il nous communique des dons fpiri-
tuels fous des chofes fenfibles & corporelles.* St. Chryfos-
tôme.

10. *Les Sacremens font les Portes de la Fille de Sion. Leur vertu eft ineffable ; & la Piété ne peut être achevée fans elle.*
St. Auguftin.

SONNET IV.

SUR LA VERITÉ.

DU haut Ciel, Dieu t'envoie en ce bas Elément.
Ton ame est son Esprit, ton corps est sa Parole:
De sa Fidélité tu fais ton aliment:
Sa Lumiere est ta robe, & sa Gloire est ton pole.

Un seul trait de tes yeux perce l'aveuglement ;
L'Erreur , à ton aspect, interdite, s'envole:
Ta main, brisant nos fers, nous porte au Firmament;
Et, contre ton pouvoir, tout effort est frivole.

Sans armes que la voix, tes Enfans, en cent lieux,
N'ont-ils pas renversé les Temples des faux Dieux,
Et du vaste Univers changé la face entiere?

L'Enfer menace envain ceux qui suivent tes pas :
Sans crainte ils fourniront leur pénible carriere ,
Certains de la couronne, aux portes du trépas.

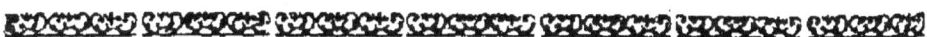

---

6. La Vérité des Chrétiens est sans comparaison , plus belle que n'étoit l'Hélene des Grecs. St. Augustin. Aussi ne rougit-elle de honte , que d'être cachée. Tertullien.

8. O combien est grande la force de la Vérité, puisqu'elle se défend par elle-même contre toute l'éloquence, la finesse, & les pieges des Hommes ; & que ni machines, ni esprit, ni artifice, n'ont jamais été capables de la détruire ! Cicéron.

13. Aide-moi , Seigneur , afin que je combatte pour la Vérité jusqu'à la mort. St. Augustin.

SONNET V.

Sur l'Erreur.

Onftre compofé de chimeres,
Dont la fotte crédulité,
'artifice & la cruauté,
Sont les compagnes ordinaires :

Tyran, qui fur tes Tributaires
Domines dans l'obfcurité ;
Et dans un Palais enchanté,
Ne les nourris que de viperes :

Antipode de la Raifon ;
Songe noir, fatale prifon ;
De nos Peres trifte héritage :

Artifan de feux & de fers ;
Tu promets le Ciel en partage,
Et tu nous ouvres les Enfers.

1. Allufion au Monftre fabuleux, nommé *Chimere* par les anciens Poëtes. Car *les erreurs font des menfonges, & le menfonge eft ce qui n'eft pas.* St. Auguftin.
2. *Caton* s'étonnoit qu'un Devin pût regarder un autre Devin fans rire.
3. *Les Hérétiques ne nourriffent pas de lait leurs Enfans, mais ils les tuent par leurs poifons ; car le menfonge tue l'ame.* S. Auguftin. C'eft pourquoi, dans l'Apocalypfe, il eft parlé du vin empoifonné de l'idolâtrie de Babylone.

I 4

SONNET VI.

SUR LA VERTU.

O Fille, d'origine & Célefte & Royale ;
  Sœur de la Vérité, Gloire du Firmament ;
Amour des Séraphins, Objet noble & charmant ;
Incorruptible Vierge, en beauté fans égale !

Au prix de ton éclat, la Perle Orientale
Me paroît fans blancheur, fans prix, fans ornement ;
Et l'odeur de ton riche & pompeux vêtement
Surpaffe les Parfums que l'Inde nous étale !

Mais, la lampe à la main, je te cherche en plein jour,
Dis-moi, quel doux Climat tu prends pour ton féjour,
A l'abri des Tyrans qui t'ont juré la guerre ?

Envain me cherches-tu dans ces indignes lieux,
Chrétien, tu ne peux voir que mon ombre en la Terre ;
Mon corps, depuis longtems, a regagné les Cieux.

---

2. & 3. *La Vertu & la Vérité font comme deux Sœurs engen-*
drées de Dieu, & dont l'excellence & la beauté font admi-
rables. Vivès. *Platon* difoit, que fi l'on pouvoit voir des
yeux du corps la beauté de la Vertu, on en feroit éperdû-
ment amoureux. O *Vierge*, lui chante un Ancien, *ta beau-*
té rend la mort aimable.

9. & 14. Allufion à *Diogene*, lorsqu'il cherchoit un homme
en plein midi ; & à l'*Aftrée* des Payens, revolant dans le
Ciel, à caufe de la malice des hommes.

SONNET VII.

SUR LES TROIS PRINCIPALES VERTUS CHRETIENNES.

TRois Sœurs, Filles du Ciel, les véritables Graces,
Se tenant par la main forment un noble Chœur ;
Et de l'Elu de Dieu commençant le bonheur,
Viennent prendre chez lui les trois premieres places.

Toutes trois avec lui partagent ses disgraces ;
L'une, en tous ses combats, le rend plus que vainqueur ;
L'autre bannit la crainte & l'effroi de son cœur ;
Et l'autre avec ses feux en fait fondre les glaces.

Toutes trois dans leurs yeux portent les mêmes traits:
Toutes trois font toujours d'admirables effets.
Veux-tu pourtant savoir quelle est leur différence ?

Des deux premieres Sœurs, dans un heureux moment,
L'une est changée en vue, & l'autre en jouïssance ;
Mais la plus jeune Sœur dure éternellement.

1. La *Foi*, l'*Espérance* & la *Charité*, opposées aux trois fabuleuses *Graces* des Payens.
2. *Chœurs*, ainsi écrit, est un mot Grec, qui signifie proprement une Bande de Chantres, ou de Danseurs. L'ancienne Eglise appropria ce nom à la Troupe des Chantres Sacrés. Mais par Figure, ce mot s'applique à des sujets spirituels. Ainsi, selon *St. Augustin* le *Chœur* signifie le concert, l'union & la concorde. Et *Cicéron* parle du *Chœur*, c'est-à-dire, de l'Assemblage & du Corps des Vertus.

I 5

SONNET VIII.

SUR LE VICE.

N'Arrête plus tes sens à ce visage aimable,
Qui captive ton cœur, en séduisant tes yeux :
Leve, sans différer, ce masque spécieux :
Tu verras des Enfers l'image épouvantable.

Oui, ce Vice riant est le monstre exécrable,
Qui fait l'horreur des Saints, & la haine des Cieux :
C'est un Serpent funeste, un Tyran odieux,
Et de ton Rédempteur le Bourreau détestable.

O Traître, ô Parricide, ô Peste dans mon sein !
Je connois aujourd'hui ton tragique dessein,
Et les sanglans effets que produisent tes crimes.

Tu conduis, par la joie, au séjour des douleurs:
Et tes lâches Enfans ne sont que des victimes,
Qu'au chemin du trépas tu couronnes de fleurs.

---

1. *Satan cache le trait de la mort dans un carquois doré.* St. Augustin.
5. On peut dire que le Péché est la *Chimere* de la Fable, c'est-à-dire, un Monstre qui a la tête d'un Lion, le ventre d'une Chevre, & la queue d'un Serpent, & qui jette du feu par les narines. A quoi l'on donne des sens mystérieux.
13. Ainsi, dans *Minucius Felix*, les Infidéles sont qualifiés de Bêtes que l'on engraisse pour le sacrifice, & de victimes que l'on couronne avant que de les immoler.

SONNET IX.

Sur la Guerre.

FUreur, Pillage, Sang, Campagnes désolées,
Deuil, Solitude, Effroi, Plaintes, Larmes, Douleurs,
Villages embrasés, Villes démantelées,
Faites de mon Tableau les traits & les couleurs.

Inviolables Loix, lâchement violées,
Par votre indigne sort exprimez nos malheurs.
Et vous, douces Vertus, tristement exilées,
Ecrivez nos combats de l'encre de vos pleurs.

Dans nos maux, juste Dieu! tu montres ta justice:
De nos propres desseins tu fais notre supplice;
Et par nos propres mains tu te venges de nous.

Nos péchés contre nous ont armé ta Puissance:
Mais que, sur une Croix, ton Fils percé de coups,
Eteigne par son sang le feu de ta vengeance.

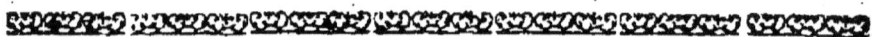

---

1. Les Anciens figuroient tout cela par leur *Bellone* & leur
Discorde, avec leurs larmes, leur sang, leurs yeux ren-
versés, leurs serpens, leurs mains crochues, leurs pieds
tortus, leurs lambeaux, leurs ténebres, leurs torches,
leurs trompettes, leurs fouets, & leurs épées. Et *Ma-
rius* disoit, *que le bruit de la Guerre l'empêchoit d'entendre
la voix des Loix.* Cependant tous les Dieux des Lacédé-
moniens étoient armés.

SONNET X.

SUR LA PAIX.

REvenez, belle Vierge, & montrez vos beaux yeux;
Assez, & trop longtems, a duré votre absence :
Ramenez avec vous la joie & l'abondance,
Que le Démon du trouble exila de ces lieux.

Rendez à nos climats les largesses des Cieux ;
L'espoir au Laboureur, aux Cités l'opulence ;
Le commerce au Marchand, à nos Loix la puissance :
Rendez l'Eglise heureuse, & l'Etat glorieux.

L'Orphelin désolé, tremblant au bruit des Armes,
Et la Veuve à nos pieds, les yeux baignés de larmes,
Pour toucher votre cœur, embrassent vos genoux.

Nos péchés éclatans à nos vœux sont contraires :
Mais le Sang du Sauveur intercede pour nous ;
Lisez-en sur la Croix les vivans caractéres.

1. Les Anciens disoient que la Paix étoit Fille de *Thémis*,
c'est-à-dire de la Justice. Ils la peignoient comme une belle Fille, qui tenoit dans son sein des pommes, & le Dieu
des Richesses ; & dans ses mains des épis, des roses, des
lauriers, & des branches, pour symboles d'abondance,
de plaisir, de victoire & de repos. Et le nom de *Paix*,
parmi les Hébreux, exprime toute sorte de biens & de
Prospérité.

2. *Aime la Justice.; autrement la Paix, son intime Amie, ne
viendra point à toi.* St. Augustin.

SONNET XI.

SUR LA PAIX DE DIEU.

QUe contre mon bonheur tout l'Univers conspire :
Que la Terre & l'Enfer, détruisant mon repos,
Me livrent, à l'envi, les plus cruels assauts,
Que la ruse conseille, & que la rage inspire.

Qu'au milieu des ennuis, ma triste ame soupire :
Que mon fragile corps éprouve mille maux ;
Et que la mort, enfin, m'abatte de sa faux :
Rien ne peut me priver de la gloire où j'aspire.

Pour cent crimes affreux, je tremble sous la Loi :
Mais la paix de mon Dieu dissipe cet effroi,
Et dans tous mes combats m'assure & m'accompagne.

Oui, si pour mon salut, mon puissant Rédempteur
L'écrivit autrefois sur la sainte Montagne ;
Son Esprit, tous les jours, la grave dans mon cœur.

---

13. Par l'effusion de son sang. Opposition à la condamnation écrite sur la Montagne de *Sina*. Ici la sainte Montagne est le *Calvaire*, ou *Golgotha*, ainsi nommé en Syriaque, parce que l'on y exécutoit les Criminels. Mais d'un lieu infame il fut rendu un lieu saint, par la mort & passion du Sauveur. L'Empereur *Adrien* le profana, en y élevant l'Idole de marbre de *Vénus* : ce qui dura jusqu'au tems de *Constantin*, qui donna ordre d'y bâtir un magnifique Temple.

SONNET XII.

SUR LA PRIERE.

C'Est toi qui peux , fans crainte , approcher de
     l'Epoux :
Sainte Voix de nos cœurs , tu portes fur tes ailes ,
Les plaintes , les defirs , les larmes des Fideles :
Tu préfentes nos vœux , & tu parles pour nous.

Organe de Salut , fi puiffant & fi doux ,
Tu rapportes des Cieux les faveurs éternelles ;
Et quand Dieu veut punir nos têtes criminelles ,
Tu defarmes fon bras , tu détournes fes coups.

Ne t'arrête donc point , admirable Courriere !
Gagne d'un vol ardent la fuprême Lumiere :
Demande , obtien pour moi , la grace de mon Dieu.

Mais quand viendra le tems , que les bras des faints
     Anges
Me porteront moi-même en cet augufte Lieu ,
Pour y voir tous mes vœux transformés en louanges !

---

1. & 2. *Que la Priere monte , la Bénédiction defcendra, L'O-
raifon eft une fidele Meffagere , qui pénetre où la chair ne
peut aller.* St. Auguftin. *Notre langue eft comme une main ,
qui va jufqu'au Trône de Dieu.* St. Chryfoftôme. *Mais fi
tu veux que ton oraifon vole à Dieu, fai-lui deux ailes ,
le Jeûne & l'Aumône.* St. Auguftin.

14. *Dans notre Patrie , le gémiffement finira, la priere ceffera,
la louange fuccédera. Il n'y autre plus qu'un Alléluia perpétuel au Concert des Anges.* St. Auguftin.

SONNET XIII.

PRIERE POUR LE MATIN.

JE te bénis, Seigneur, en ouvrant la paupiere.
Fai moi, dès le matin, reſſentir ta bonté,
Fléchi, par ton Eſprit, ma dure volonté ;
Et verſe dans mon cœur ta divine lumiere.

Qu'au milieu des dangers de ma triſte carriere,
Soutenu par ta main, je marche en ſûreté :
Et qu'enfin, par ta Grace, & par ta Vérité,
J'arrive en ton repos, à mon heure derniere.

Je ſuis, à ta Juſtice, un objet odieux :
Mais, mon Dieu ! lave-moi dans le Sang précieux,
Que pour moi ton ſaint Fils verſa ſur le Calvaire.

Que ſans craindre la mort, ni ſon noir appareil,
J'entre, au ſortir du Jour qui luit ſur l'Hémiſphere,
Dans le Jour où les Saints n'ont que toi pour Soleil.

---

3. *Fai, Seigneur, en moi ce que tu commandes, & commande alors ce que tu voudras.* St. Auguſtin. Et Jérémie : *Converti-moi, & je ſerai converti.*

8. *Tous les Hommes cherchent le repos. Le repos eſt bon : mais il ne faut pas le chercher en cette Vie, il ne ſe trouve que dans le Ciel.* St. Auguſtin.

14. *L'Eternité n'eſt qu'un Jour ſans fin. Mépriſons les milliers de Jours, & deſirons ce Jour éternel, qui n'a ni matin ni ſoir.* Le même.

SONNET XIV.

PRIERE POUR LE SOIR.

SEigneur, pour le travail, tes bontés paternelles
Font régner la lumiere au terreſtre ſéjour;
Et par tes ſages Loix, la nuit vient, à ſon tour,
Apporter le repos ſous l'ombre de ſes ailes.

Mais ſi le noir ſommeil doit couvrir mes prunelles,
Ouvre ſur moi, mon Dieu! les yeux de ton Amour;
Diſſipe mes péchés; ſois mon Aſtre & mon Jour;
Et que tes Anges ſaints ſoient mes Gardes fideles.

Le Jour, inceſſamment englouti par la nuit,
De la fin de ma vie inceſſamment m'inſtruit,
Et je dois, nuit & jour, ſaintement m'y réſoudre.

Fai que pour moi la Mort ne ſoit qu'un doux ſommeil,
Où, l'ame entre tes bras, & le corps dans la poudre,
De l'éternel matin j'attende le réveil.

---

5. *Le Sommeil eſt un état moyen entre la Vie & la Mort.* A-
riſtote.
7. *Par le Péché nous ſommes ténebres, & ces ténebres du Péché ſont dans notre ame une nuit, qui nous empêche de
voir Dieu*, dit St. Auguſtin.
12. Les Payens nomment le Sommeil, *le Frere de la Mort.* Et
les anciens Chrétiens qualifient la Mort, *le Sommeil de la
Paix en Dieu & en ſon Chriſt.*
14. *La Mort eſt la Nuit, & la Reſurrection ſera le Matin.* St.
Auguſtin.

SONNET XV.

PRIERE DU VOYAGEUR.

MOn puiſſant Protecteur, pendant tout mon voyage,
Condui-moi par ta grace, ouvre ſur moi tes yeux ;
Fai tenir près de moi tes Anges glorieux ;
Et de tous accidens garanti mon paſſage.

La courſe de ma vie eſt un pélérinage,
Et je ſuis étranger en ces terreſtres lieux.
Fai, Seigneur, qu'y vivant en citoyen des Cieux,
Je marche inceſſamment vers ton ſaint Héritage.

Mais hélas ! ſur la Mer où je vogue ici-bas,
Le Monde & le Péché, l'Enfer & le Trépas,
Contre moi conjurés, de me perdre ont envie.

Mon Sauveur ! je ne puis ſans toi gagner le Port :
Sois pour moi le Chemin, la Vérité, la Vie,
Contre l'Egarement, le Menſonge & la Mort.

---

5. *Toute cette vie ne nous doit être que comme une hôtellerie à un Voyageur, & non comme une maiſon à celui qui y fait ſa demeure.* St. Auguſtin.

8. *Le pied de l'ame eſt ſon amour. L'ame ſe meut par l'amour vers ſon objet, comme vers un lieu où elle tend.* Le même.

9. *Dans le courant de ce Siecle, tu flottes plutôt parmi les orages & les tempêtes, que tu ne marches ſur la terre.* St. Bernard.

K.

SONNET XVI.

CONSOLATION DU PRISONNIER.

POrtes, grilles, verroux, gardes, captivité,
Ténebres, folitude, effroi, chagin, fouffrance,
Puisque j'ai dans les fers mon cœur en liberté,
Envain vous vous joignez pour vaincre ma conftance.

L'Efpoir, dans mes ennuis, fe tient à mon côté;
La Foi, dans mes combats, me remplit d'affurance;
Jéfus eft mon Soleil dans mon obfcurité;
Et les Anges des Cieux veillent pour ma défenfe.

Que la Terre & l'Enfer m'oppofent leurs efforts,
Enfin, je fortirai de la prifon du corps:
Douce mort, tu viendras m'en ouvrir le paffage:

Tu froifferas mon corps, d'un bras officieux;
Et telle qu'un Oifeau, dont on brife la cage,
Mon ame, en s'échappant, volera dans les Cieux.

---

7. *Celui qui a fait le Soleil & la Lune, vous a été dans la prifon une plus grande lumiere que le Soleil & la Lune.* St. Cyprien aux Confeffeurs.

10. *Notre corps peut être nommé une prifon, non pas entant
que Dieu l'a fait, mais entant qu'il eft affujetti à la peine
du péché. Heureufe ame, qui, délivrée de la prifon du
corps, s'envole toute libre au Ciel!* St. Auguftin.

13. *Que la cage foit brifée, je volerai à mon Seïgneur.* St. Auguftin.

SONNET XVII.

PRIERE POUR LA COMMUNION.

CE n'eſt donc pas aſſez d'avoir payé pour moi :
Mon Sauveur m'offre encore un Sceau de ſa Juſtice;
Il veut que ſa Chair même aujourd'hui me nourriſſe,
Et ſa Grace m'appelle aux Noces de mon Roi.

Que j'en puiſſe, ô Seigneur ! approcher ſans effroi,
Purgé du vieux levain de ma noire malice ;
Et que pour avoir part à ton grand Sacrifice,
Je prépare la bouche & les mains de la Foi.

Toi-même, donne-moi la Robe Nuptiale,
L'ornement de tes Saints, pour la Table Royale,
Où ſervent à l'envi les Anges glorieux.

Fai que d'un zele ardent, & d'une ame ravie,
Avec ton ſacré Corps, & ton Sang précieux,
Je reçoive en mon cœur le germe de la Vie.

---

4. C'eſt par ſa mort même que Jéſus-Chriſt devient l'Epoux. St Chryſoſtôme.

9. C'eſt la pureté de l'ame que St. Chryſoſtôme appelle l'Habit intérieur & ſpirituel, la Robe blanche, la Robe de pourpre, la Robe en broderie d'or.

11. Qui des Fideles peut douter qu'en ce Myſtere les Cieux ne ſoient ouverts, & que les Chœurs des Anges ne ſoient préſens? St. Gregoire. Ils ſervent à la Table Royale, & ils fléchiſſent les genoux. St. Chryſoſtôme.

K 2

SONNET XVIII.

ACTION DE GRACES APRE'S LA COMMUNION.

QUi l'eût dit, que mon Roi m'eût admis à fa Table,
   M'eût nourri de fes mets les plus délicieux,
Adopté pour fon Fils, fait Héritier des Cieux ;
Moi, fon Éclave indigne, & Pécheur miférable ?

Quel bonheur maintenant eft au mien comparable ?
Seigneur, je te bénis d'un fort fi glorieux ;
Je fens de ton amour les effets précieux ;
Et mon cœur te poffede, ô Jéfus adorable !

Loin de moi, Monde impur, avec tous tes appas ;
Loin, trifteffe, chagrin, & terreur du trépas :
Je fuis du Dieu vivant le vivant domicile.

Mon Seigneur, laiffe aller ton Serviteur en paix ;
Et fi je t'ai logé dans ma maifon d'argile,
A ton tour loge-moi dans ton brillant Palais.

---

12. Allufion aux paroles de *Siméon*, après qu'il eut embraffé le Sauveur du Monde. Dans la célébration de ce Sacrement, les Miniftres de l'Eglife primitive crioient aux Communians, *Paix à tous* ; & l'on fe donnoit le Baifer de paix.

13 *La maifon de mon ame eft bien petite pour un fi grand Hôte : accroi-la, Seigneur, afin qu'elle foit capable de te recevoir. Il s'y trouve des chofes qui pourroient offenfer tes yeux ; mais qui peut la rendre nette, que toi feul ?* St Auguftin.

SONNET XIX.

PRIERE DU MALADE.

GRand Dieu ! de qui je tiens la vie & la naiſſance,
Preſſé de mes douleurs, j'invoque ta bonté.
Vien montrer ta vertu dans mon infirmité ;
Et pour me ſecourir, déployer ta puiſſance.

Céleſte Médecin, regarde ma ſouffrance.
Tu peux en un moment, ſi c'eſt ta volonté,
De mon lit de langueur faire un lit de ſanté,
Et d'un mot ſeulement me donner délivrance.

Mais, veux-tu me tirer du ſéjour des malheurs ?
Mais, veux-tu terminer ma vie avec mes pleurs ?
Fai que d'un zele ardent mon ame à toi s'envole.

Que vivant, & mourant, je béniſſe mon ſort :
Car enfin, je puis dire, inſtruit en ton Ecole,
Chriſt m'eſt gain dans la Vie, il m'eſt gain dans la Mort.

---

5. *Dieu eſt le Médecin, & l'Affliction eſt le médicament pour le Salut, & non pas la peine de la Condamnation. Tu cries, & le Médecin ne te répond pas ſelon ton deſir, mais ſelon ta néceſſité. Tes maux ſont grands, mais le Médecin eſt encore plus grand. Aucune maladie n'eſt incurable au Médecin tout-puiſſant. Seulement laiſſe-toi guérir, & ne repouſſe pas ſa main. Il fait très-bien ce qu'il fait. Souffre l'amertume de la médecine, en ſongeant à la ſanté qui la ſuivra.* St. Auguſtin.

K 3

SONNET XX.

POUR LES AFFLICTIONS ET LES DOU-
LEURS.

COupe, brûle, mon Dieu, cette chair criminelle
N'épargne point ma vie; étein-la, si tu veux:
Pourvu que ta bonté répondant à mes vœux,
Me sauve des horreurs de la mort éternelle.

La peine, dont ta Loi menace l'Infidele,
Me fait glacer le sang, & dresser les cheveux:
Et que sont au prix d'elle & les fers & les feux,
Dont je sens les assauts en ma course mortelle?

Mais mesure ma force à celle de tes coups:
Verse, pour me guérir, ton baume le plus doux:
Fai que j'éprouve en toi les tendresses d'un Pere.

Qu'adorant ta sagesse, & pleurant à tes yeux,
J'envisage ma croix comme un mal nécessaire,
Puisque c'est par la Croix que l'on s'éleve aux Cieux.

---

1. *Seigneur, coupe & brûle en cette Vie temporelle, pourvu que tu me sois propice en la Vie éternelle. Mais lorsque tu me frappes de ta verge, donne-moi la patience nécessaire pour former plutôt des louanges que des plaintes.* St. Augustin.,
11. *Quel Pere est si fortement Pere, que Dieu?* Tertullien.
12. *Nul ne peut être couronné, s'il n'a vaincu. Nul ne peut vaincre, s'il n'a combattu. Et nul ne peut combattre, s'il n'a des ennemis & des tentations.* St. Augustin.

SONNET XXI.

PRIERE DU MOURANT.

JE vais donc comparoître, ô Dieu, devant ta face !
Devant ton Tribunal, enfin, tu m'as cité !
Hélas ! ce grand Pécheur, ô mon Juge irrité,
Pourra-t-il dans le Ciel obtenir quelque place ?

Monte, pour me juger, fur ton Trône de Grace :
Voi ce que mon Sauveur a pour moi mérité :
Oppofe fa juftice à mon iniquité,
Et dans fon divin fang tous mes crimes efface.

Intercede pour moi, Rédempteur des Humains !
Ma pauvre ame aujourd'hui fe fauve entre tes mains :
Elle efpere trouver dans ta Croix fon afile.

L'Enfer & mes Péchés s'élevent contre moi.
Mais par toi, mon Sauveur, le Salut eft facile :
Le Pécheur qui t'embrafle eft fauvé par la Foi.

---

6. & 7. *Mes péchés méritent de grands fupplices, mais l'innocence de mon Sauveur exige de bien plus grandes miféricor-
des. Mon injuftice eft énorme, mais fon mérite la furpaffe
de beaucoup. Quel péché peut faire l'Homme, que le fang
du Fils de Dieu, fait Homme, ne foit capable d'effacer ?* St.
Auguftin.

9. *Jéfus-Chrift prie pour nous, comme notre Sacrificateur ; il
prie en nous, comme notre Chef; & il eft prié par nous,
comme notre Dieu.* Le même.

SONNET XXII.

PREMIER ADIEU DU MOURANT.

A la Terre.

LE voici, le beau Jour, le Jour tant defiré,
Où mon faint Rédempteur veut recevoir mon ame,
Mon cœur s'éleve à lui, mon cœur eft tout de flame,
Pour s'élancer au Ciel, où j'ai tant afpiré.

Doux moment, par mes vœux tant de fois attiré,
Tu viens couper enfin de mes malheurs la trame.
Jéfus, que par la Foi j'embraffe & je reclame,
M'enleve d'une Terre où j'ai tant foupiré.

Adieu, Terre couverte & d'horreurs & de charmes;
Terre pleine d'erreurs, d'iniquités, d'allarmes;
Dont même les douceurs excitent ma pitié.

Si du mortel combat, paffant à la victoire,
Je laiffe dans ton fein ma fragile moitié,
Dieu feul fera mon tout dans le fein de la Gloire.

4. *O belle & brillante Maifon! mon cœur t'aime, il eft ravi de tes beautés.* St. Auguftin.

7. & 8. *Mon Pafteur me portera lui-même dans la Maifon de mon Dieu, pour y jouir des délices de ceux qu'il a réconciliés par fon Sang.* Le même.

11. *Les vaines joies du Monde mériteroient d'être pleurées.* Le même.

14. *Dans la fainte Jérufalem, ton Dieu te fera toutes chofes.* Le même.

SONNET XXIII.

SECOND ADIEU DU MOURANT.

Aux Parens & aux Amis.

A Dieu, mes chers Parens, mes Amis précieux :
Je monte à notre Dieu, je monte à notre Pere ;
Mes combats sont finis, je sors de la misere ;
Et j'échange aujourd'hui la Terre pour les Cieux.

Essuyez par la Foi les larmes de vos yeux ;
Bannissez de vos cœurs votre douleur amere ;
Et si jamais pour moi votre amour fut sincere,
Contemplez mon bonheur, & soyez-en joyeux.

Ah ! que mon sort est beau ! qu'il est digne d'envie !
Je passe par la mort au séjour de la Vie,
Et ne perds en mourant que la mortalité.

Suivez-moi, par les vœux de l'espoir & du zele.
La mort nous desunit pour un tems limité :
Mais Dieu nous rejoindra dens la Gloire éternelle.

---

1. *Ce que tu estimes une mort, n'est qu'un départ, une retraite, un voyage.* Tertullien. Et les saints Apôtres qualifient la mort *un délogement.*

5. *C'est offenser Jésus-Christ, de pleurer comme misérables, ceux qu'il appelle à lui.* Le même.

11. *Heureux pour qui la mort est morte !* ancienne Epitaphe. *Tu meurs ; c'est devenir impassible, & secouer le joug de la Mort.* Pétrarque. *La mortalité, & non la substance de notre corps, est anéantie dans le Tombeau.* St. Chrysostôme.

K 5

SONNET XXIV.

SUR LA MORT.

Assurance.

QUel eft ce Monftre horrible, & fans chair & fans
　　yeux,
Qui d'une faux armé, Grands & Petits menace;
Et qui d'un pied fuperbe, également terraffe,
Et le Riche & le Pauvre, & le Jeune & le Vieux?

Chrétien, voi fans horreur cet objet odieux:
Voi, fous fon mafque affreux, de ton Sauveur la face:
Voi, dans fa dure main, des Nouvelles de Grace;
Et fous fon manteau noir, la Lumiere des Cieux.

L'inévitable coup de fa faux meurtriere
Termine avec tes jours ta pénible carriere,
Et fait voler ton ame au Séjour de la Paix.

Ainfi le châtiment, dont l'offenfe eft fuivie,
Porte un vieux nom, contraire à fes nouveaux effets;
La Mort n'eft maintenant qu'un paffage à la Vie.

---

1. Les Payens repréfentoient auffi la Mort comme une Fille
   qui portoit une robe noire, femée d'étoiles, & qui avoit
   des ailes noires.
11. *Heureufe l'ame qui, délivrée de fon corps, s'envole ainfi
    toute libre dans le Ciel! Qui ne defirera cette Paix, d'où
    l'Ame ne fort point, où l'Ennemi n'entre point, & où nous
    aurons Dieu même pour notre Poffeffion & pour notre Paix.* St.
    Auguftin.
14. *Que ce paffage de la Vie à la Vie eft aimable!* Epitaphe
    de Méliffe.

SONNET XXV.

SUR LE MÊME SUJET.

Attente.

SI tu vois le Soleil briller sur l'Hémisphere,
Pense en toi-même, hélas ! le verrai-je demain ?
Oui, sais-tu quand la mort, se glissant dans ton sein,
Eteindra de tes yeux le vivant luminaire ?

Ta vie n'est-elle pas une ombre passagere,
Un flambeau qui s'écoule, & qui tire à sa fin ?
Ne voit-on pas périr le Malade & le Sain,
Le Prince en sa grandeur, le Pauvre en sa misere ?

Mille accidens divers, dans la lice où tu cours,
Peuvent trancher le fil du plus beau de tes jours ;
C'est-là le triste sort où le péché t'engage.

Enfin la dure Mort, par les ordres de Dieu,
Menace également & tout Sexe, & tout Age.
Mortel, attens-la donc, à toute heure, en tout lieu.

---

2. *Tu n'és que le locataire de la maison de ton corps, &*
Dieu ne te l'a pas louée pour un tems préfix ; mais il t'a dit,
Sois toujours prêt à déloger. St. Augustin.

6. L'Humeur radicale en est la cire, & la chaleur naturelle
en est la lumiere.

12. Les Payens, la considérant comme une Déesse implacable,
ne lui avoient consacré que deux Autels, l'un à *Cadix*, &
l'autre à *Lacédémone.*

14. *Supporte doucement la vie, & attens la mort constamment.*
Pétrarque.

SONNET XXVI.

SUR LE MÊME SUJET.

Remede.

EN tout tems, en tout lieu, sur la Terre & sur l'Eau,
Ressouvien-toi, Mortel, que tu dois te résoudre
A voir au premier vent éteindre ton flambeau,
Et que ton vase d'or doit enfin se dissoudre.

Jeune & Vieux, Riche & Pauvre, est soumis au tom-
beau :
Les lauriers les plus verts sont sujets à la foudre :
Ton corps, ce riche habit, ce chef-d'œuvre si beau,
Doit tomber dans la fosse, & retourner en poudre.

Chrétien, si ce Tableau t'imprime de l'horreur,
C'est ici le moyen d'en bannir la terreur,
Et de braver la Mort & toute sa puissance.

Embrasse par la Foi l'heureuse Eternité ;
Et mets en ton Sauveur ton unique espérance ;
Mourant, tu revivras dans l'Immortalité.

---

4. Mot du Sage dans l'Ecclésiaste. Ce *Vase d'or* est le
Crane ou le Cœur.
6. Malgré la supposition Payenne & superstitieuse des
Poëtes.
8. *Il devient un cadavre, & il perd même enfin ce nom.*
Tertullien. Quand il seroit embaumé, & dans un cercueil
de pur or, comme le corps de *Constantin.*
11. *Veux-tu vivre longtems ? Cherche la vie où l'on ne meurt
point.* Pétrarque
14. C'est donc ici la Devise du Phénix : *De la Mort l'Immortalité.*

SONNET XXVII.

SUR LA MORT D'UNE FILLE UNIQUE.

Apostrophe.

Ainsi, de tes beaux ans je vois finir le cours,
Doux Objet de mes vœux ! Ainsi la Mort cruelle,
Couvrant d'un noir bandeau ta brillante prunelle,
Change en autant de nuits le reste de mes jours.

Quoi ! t'en vas-tu sitôt ? t'en vas-tu pour toujours ?
Trois ans ont-ils borné ta carriere mortelle ?
Et t'enfuis-tu de nous, toi si jeune & si belle ?
Revien, mon cher Enfant, mon trésor, mes amours !

Mais pourquoi rappeller, par un transport extrême,
Ta sainte ame, qui vole à la Gloire suprême ?
Mon cœur, ayons plutôt ce sentiment pieux :

C'est par l'ordre d'en-haut que la Mort t'a ravie ;
Et Dieu veut, en m'ôtant la moitié de ma vie,
Que l'autre ne respire ici-bas que les Cieux.

---

4. *L'affliction est une Nuit.* St. Augustin. C'étoit la pensée de l'Eglise de Babylone.

5. *Ce qui peut arriver en tout tems, n'arrive pas avant le tems.* Pétrarque. *Vous n'avez pas eu le tems de jouir de votre Fille : vous le ferez pleinement dans le Ciel ; & dès à présent vous la pouvez voir par les yeux de l'Espérance.* St. Chrysostôme.

12. *Vous n'avez fait que rendre le dépôt.* N'en soyez plus en peine : Dieu ne vous l'a repris que pour le mettre dans son Trésor éternel. Le même.

SONNET XXVIII.

Sur le même Sujet.
Profopopée.

CHers Parens, dont les pleurs trempent mon monu-
    ment,
N'arrêtez point vos yeux fur cette tombe noire :
Mais contemplez mon ame au féjour de la Gloire,
Et par ce doux afpect ceffez votre tourment.

De près je vois mon Dieu, je le vois clairement :
J'habite un Palais d'or, de cryftal & d'yvoire :
La Palme, dans ma main, annonce ma victoire :
La Lumiere eft ma robe, & Jéfus mon amant.

La Mort m'enleve-t-elle au printems de mon âge ?
J'en fuis plus promptement à couvert de l'orage,
Et je fleuris plus jeune au Paradis de Dieu.

Ne fouhaitez donc pas, vous qui m'avez aimée,
De voir par vos foupirs ma cendre ranimée :
Songez plutôt, fongez, à me fuivre en ce Lieu.

---

5. *Si l'on vouloit tirer votre Fils d'auprès de vous pour le faire Roi d'un grand Royaume, refuferiez-vous de le laiffer aller, pour ne pas perdre le vain plaifir de le voir ? Et maintenant qu'il eft paffé dans un Royaume infiniment plus grand & plus heureux que tous ceux de la Terre enfemble, vous ne pouvez fouffrir d'être féparé de lui ! Mais fongez que vous l'irez trouver bientôt.* St. Chryfoftôme.

11. *Les Saints fleuriffent devant Dieu comme des Lys.* St. Auguftin.

SONNET XXIX.

SUR LE MÊME SUJET.

Priere.

Abattu, languiſſant, & noyé dans les pleurs,
D'un amer ſouvenir j'afflige ma penſée ;
Et l'humeur, que mes yeux dans ma plume ont verſée,
Me ſert d'encre aujourd'hui, pour peindre mes mal-
heurs.

La Mort vient de faucher la plus belle des Fleurs ;
Et la fleur de ma vie avec elle eſt paſſée.
Un ſeul trait ſa tendre ame & la mienne a percée,
Et mes jours ne ſont plus qu'ennuis & que douleur.

Prens pitié de mes maux, mon Sauveur & mon Pere;
Abrege ma langueur, adouci ma miſere ;
Envoye à mon ſecours un ſaint Ange des Cieux.

Donne-moi ſur moi-même une heureuſe victoire :
Soutien-moi par ta Grace, & fai que de mes yeux
Les larmes pour jamais tariſſent dans la Gloire.

---

1. *Les Affligés cueillent des fruits doux, de l'amertume des lar-mes.* St Auguſtin.
3. *Ces paroles devroient être écrites avec nos larmes.* Le même.
5. Excès Poëtique de paſſion préoccupée de ſon objet, com-me dans ce Vers fameux : *Et me dit qu'Uranie eſt ſeule ai-mable & belle.*
14. *C'eſt ici la Vallée de larmes. Dieu eſſuye les larmes en cette Vie, mais il les ſéchera entiérement dans l'autre.* St. Au-guſtin.

SONNET XXX.

SUR LE TOMBEAU DU FIDELE.

Epitaphe.

LA Mort n'a renfermé sous cette tombe noire,
Que d'un Fidele heureux le simple vêtement :
L'Espérance & la Foi l'ont porté dans la Gloire ;
Quand sa robe en dépôt fut mise au monument.

Passant, lis son bonheur, & bénis sa mémoire.
En sortant de la vie il sortit du tourment :
Il obtint dans sa mort l'immortelle victoire,
Et le Siecle sans fin dans son dernier moment.

L'esprit vola joyeux à la Voûte éternelle ;
Et laissant au tombeau sa dépouille charnelle ,
Fut prendre avec les Saints un habit glorieux.

Ne pleure point le corps qui se change en poussiere ;
Car enfin le Sauveur , lorsqu'il viendra des Cieux ,
Changera cette poudre en un corps de lumiere.

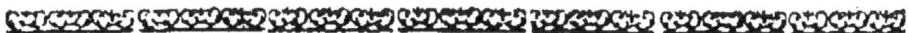

---

4. *En quelque lieu que soit notre chair, elle est en dépôt en la main de Dieu , en Jésus-Christ , le fidele Dépositaire, qui rendra Dieu à l'Homme , l'Homme à Dieu , l'Esprit à la Chair, la Chair à l'Esprit , l'Epoux à l'Epouse , l'Epouse à l'Epoux.* Tertullien.

9. & 10. *Ayant mis bas l'équipage de la chair , l'ame a revolé plus legere à son Auteur.* St. Jérôme. *Il a laissé ici la dépouille de la chair , s'envolant vers les Astres.* Epitaphe de St. Hilaire d'Arles. *Que ce vol au Ciel est beau!* St. Ambroise

SONNET XXXI.

SUR LES SAINTS MARTYRS.

Trophée.

J'Exalte vos combats, d'immortelle mémoire,
Héros du grand Jésus, Martyrs victorieux,
Invincibles Soldats, Athletes glorieux,
Qui vivez tous ensemble au Ciel & dans l'Histoire.

Défaits & terrassés, vous eûtes la victoire:
Votre mort triompha des Tyrans furieux:
Par des degrés sanglans vous montâtes aux Cieux,
Et sur un char de flamme au Trône de la Gloire.

Ainsi, que faites-vous, ô Bourreaux inhumains?
Rien certes qu'avancer leur bonheur par vos mains,
Et rehausser les noms de ces Témoins augustes.

Vous percez le Seigneur, en leur perçant le flanc:
Mais de ce même bras qui verse tout leur sang,
Vous répandrez par-tout la semence des Justes.

---

6. *Le Soldat de J. C. triomphe dans la Mort.* Minucius Felix.

10. *La plus cruelle boucherie n'a pas abattu la fermeté de la Foi, elle n'a fait qu'envoyer plus promptement au Seigneur les Hommes de Dieu.* St. Cyprien.

11. *Persécuter les Saints, c'est les rendre plus illustres.* St. Chrysostôme.

14. *Le nombre des Chrétiens multiplie, quand on les moissonne. Leur sang est une semence qui ne meurt pas sur la Terre, mais qui rejette heureusement.* Tertullien.

L

SONNET XXXII.

SUR LE MEME SUJET.

Béatitude.

ORnions des saints Martyrs les illustres tombeaux ;
Répandons-y des fleurs, leur sort nous y convie.
Ces Soldats généreux mépriserent leur vie,
Braverent les tyrans, lasserent les bourreaux.

Ils passerent, sans peur, par les feux, par les eaux ;
D'un repos éternel leur course fut suivie ;
Et la Terre pleurant leur présence ravie,
Le Ciel riant s'ouvrit à ces Hôtes nouveaux.

Vivez, vivez heureux dans la Gloire immortelle,
Athletes du Seigneur, qui d'un cœur plein de zele,
Sur un sanglant Autel consacrâtes vos corps.

Vous, Chrétiens, bénissez du grand Dieu la puissance,
Qui fit, malgré l'Enfer, & malgré ses efforts,
Du jour de leur trépas, le jour de leur naissance.

---

2. *St. Cyprien* dit que *l'Eglise a des couronnes blanches de lis,
pour couronner les Confesseurs ; & des couronnes pourprées
de roses, pour couronner les Martyrs.*

8 *Leur yeux se ferment, & le Ciel s'ouvre. On leur donne
la mort, & l'immortalité vient. On leur ôte le Monde,
ils reçoivent le Paradis.* Le même.

14. L'Eglise Primitive, comme on le voit dans *Tertullie*
& ailleurs, nommoit le jour de la mort des Martyrs
le jour de leur nativité.

SONNET XXXIII.

SUR LA RESURRECTION.

Merveille.

LOrsque la main de Dieu, sans art, sans instrument,
Façonna le grand corps de la Machine ronde,
A chacun des endroits de tout ce vaste Monde
Il donna des vertus, des loix, des ornemens.

Ainsi, pour obéir à ses saints réglemens,
De Plantes & de Fruits la Terre fut féconde ;
Et l'on vit les Poissons naître du sein de l'Onde :
Tel fut l'ordre établi pour ces deux Elémens.

Mais contemple, Mortel, une merveille étrange !
Voici l'ordre de Dieu, qui tout-à-coup se change,
Pour rétablir ton corps, l'ouvrage de ses mains.

A la voix de Jésus, qui tonne dans les nues,
Et la Terre & la Mer, nos Meres devenues,
De leurs flancs entr'ouverts font sortir les Humains !

---

11. *Il est plus difficile que ce qui n'a point été commencé à ê-*
tre, que de refaire ce qui a été. Minucius Felix. *Si donc*
Dieu nous a faits lorsque nous n'étions pas, lui sera t-il
difficile de nous refaire après que nous aurons été ? St. Augustin.

14. C'est ce que nous peint *Esaïe,* dans le tableau de ce grand
Jour : *Réjouïssez-vous, habitans de la poussiere ; car la*
Terre jettera hors ses morts. Et St. *Jean* dans l'Apoca-
lypse, *La Mer rendit ses morts.*

SONNET XXXIV.

SUR LE MEME SUJET.

Puiſſance de Dieu.

ELeve, Homme mortel, ta noble intelligence,
Et contemple en eſprit le beau commencement,
Où, ſans rien employer que la voix ſeulement,
A ce vaſte Univers Dieu donna l'exiſtence.

Du premier corps humain regarde la naiſſance :
Voi comme, pour former ce riche bâtiment,
La main de l'Eternel, ſi magnifiquement,
Avec un peu de poudre exerça ſa puiſſance.

Enviſage après tout ce Créateur puiſſant,
Qui d'Adam ſolitaire achevant l'heur naiſſant,
Fit d'une ſimple côte une Beauté ſuprême.

Douteras-tu, Chrétien, que ſa même vertu
Ne puiſſe au dernier Jour, avec ta cendre même,
Relever de ton corps l'édifice abattu ?

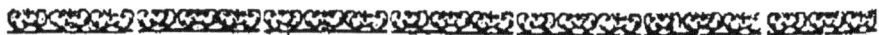

11. *Si l'Ouvrage du Créateur eſt ſi beau & ſi aimable, qu'eſt-*
ce que ne doit pas être le Créateur lui-même ? Apprenons
donc, par les Créatures mêmes que nous aimons, à le de-
ſirer avec plus d'ardeur; & mépriſons-les pour l'aimer. St.
Auguſtin.

12. *C'eſt une plus grande opération, de donner le commencemen*
à une choſe, que de la rétablir dans l'état qu'elle a été
Ainſi tu dois croire que c'eſt une œuvre plus facile de ren
dre la vie à la chair, que de l'avoir créée. **Tertullien.**

SONNET XXXV.

SUR LE MEME SUJET.
Espérance du Mourant.

AInsi, vase de terre, ainsi, corps languiffant,
Portative maifon, tabernacle fragile,
Et d'un tout précieux moitié foible & débile,
Tu t'en vas fondre enfin! tu t'en vas périffant!

Mais en toi je m'affure, ô Sauveur tout-puiffant!
Ta Parole & ton Bras, à qui tout eft facile,
M'enlevant du tombeau, feront de cette argile,
Au matin du grand Jour, un corps refplendiffant.

Oui, que bientôt mes yeux foient privés de lumiere,
Que mes mains & mes pieds, dans l'affreufe poufliere,
Servent & de victime & de pâture aux vers.

Ces yeux doivent un jour contempler ton vifage;
Ces mains t'applaudiront, Juge de l'Univers;
Et ces pieds te fuivront au Célefte Héritage.

---

5. *Chair, qui êtes l'ouvrage des mains du Créateur, la Reine des Créatures, l'Héritiere des biens de Dieu, & la Sœur de fon propre Fils, foyez en affurance! Vous avez un droit acquis dans le Ciel, & dans le Royaume de Dieu.* Tertullien.

8. *Il brillera comme le Soleil,* dit l'Ecriture. Et St. *Auguftin* dit qu'alors Dieu changera notre Terre en or, & que de la chair il fera un Ange.

14. *Voici notre Dieu! nous l'avons attendu: auffi nous fauvera-t-il.* Efaïe XXV.

SONNET XXXVI.

SUR LE MEME SUJET.

Profopopée de l'Ame.

LEve-toi, mon cher corps, mon ami précieux,
Mon hôte naturel, mon compagnon fidele:
La trompette refonne, & l'Archange t'appelle:
Tu dois prendre à ce coup ta place dans les Cieux.

Mais quels rayons déjà paroiffent dans tes yeux?
Tu laiffes au tombeau ta nature mortelle:
Je te vois revêtu d'une beauté nouvelle:
Je te fens immortel, agile & glorieux.

La Mort eft maintenant engloutie en victoire;
Et tu vas aujourd'hui recevoir, dans la Gloire,
L'incomparable prix de ta fidélité.

L'impitoyable main, qui ferma ta paupiere,
Rompit pour quelque tems notre union premiere:
Mais Dieu nous a rejoints pour une éternité.

---

1. *Après l'amour que tu dois à Jéfus-Chrift, il n'eft point de Créature, ô Ame! que tu doivis tant aimer que ton corps, puifqu'il renaît en Dieu avec toi.* Tertullien.
4. *Si l'ame eft l'Epoufe, elle fera fuivie de la chair, comme de fon équipage, comme de fa dot, de fon ornement, de fa fervante & de fa fœur de lait.* Le même.
11. *Entant que la chair prête fon fervice à l'ame, elle eft appellée avec elle à la poffeffion de tous fes biens, & tempo-rels & éternels.* Le même.

SONNE XXXVII.

SUR LE JUGEMENT DERNIER.

Exhortation.

JOur, le dernier des Jours, Moment épouvantable !
Où l'Eternel, qui fonde & les cœurs & les reins,
Sur un Trône entouré d'Escadrons d'Anges saints,
Paroîtra dans les airs pompeux & redoutable !

O ! qui ne tremblera, quand ce Juge adorable,
Les éclairs dans les yeux, la foudre dans les mains,
La trompette sonnant, citera les Humains
A rendre à sa Justice un compte inévitable ?

Considérez, Mortels, ce Tribunal de Dieu !
Redoutez-le en tout sexe, en tout âge, en tout lieu ;
Et prenez cette voix pour compagne éternelle :

O vous tous ! qui dormez dans le noir Monument,
Le grand Juge apparoît, son ordre vous appelle :
Sortez de vos Tombeaux, venez au Jugement.

I. *Quel sera cet Avénement du Seigneur, alors superbe &
triomphant ! Quel sera ce Jour dernier & perpétuel, qui,
par un seul embrasement, engloutira la grande vieillesse, &
les innombrables naissances du Siecle ! Quelle sera alors l'ex-
altation des Anges, la gloire des Saints, la pompe de la Nouvelle Jérusalem !* Tertullien.

II. *Soit que je mange, ou que je boive, ou que je fasse quelque autre chose, cette voix terrible resonne toujours à mes
oreilles : O Morts ! levez-vous, & venez au Jugement.* St.
Jérôme.

SONNE XXXVIII.

SUR LE MEME SUJET.

Invocation.

ADorable Sauveur, que la Gloire environne,
Quand mon œil apperçoit, dans le vague des ais,
Ton Tribunal dreſſé pour juger l'Univers,
A ce terrible aſpect, je pâlis, je friſſonne.

Je vois tous les Humains comparoître en perſonne,
Les Faits mis en avant, les grands Livres ouverts,
Des Cœurs examinés les ſecrets découverts :
Tout y paſſe à ſon tour, & Houlette & Couronne.

Miſérable Pécheur, n'eſpere pas alors,
Que ni vœux, ni ſoupirs, ni raiſons, ni tréſors,
Puiſſent fléchir le Juge & couvrir ta malice.

Ma nudité, Seigneur, cauſe mon tremblement :
Revêts-moi du manteau de ta ſainte Juſtice,
Pour paroître ſans crainte en ce grand Jugement.

---

4. *Lorsque je me trace l'image de ce Jugement à venir, je ſuis pénétré de crainte, & la douleur dont je ſuis percé me fait fondre en larmes.* Chryſoſtôme.

9. *C'eſt ici le tems de la Miſéricorde, ce ſera alors le tems du Jugement ; mais on ſe repentira envain : la confeſſion même des péchés ne ſervira qu'à aggraver la condamnation. Repentons-nous donc à préſent, que nous pouvons recueillir du fruit de notre repentance.* St. Auguſtin.

SONNE XXXIX.
SUR LE MEME SUJET.
Confiance.

TRemblez, Méchans, tremblez à l'aspect du grand Roi,
Qui vient faire Justice, & condamner le Monde.
En vain chercheriez-vous dans la Machine ronde,
Un lieu pour vous sauver en ce mortel effroi.

Pour moi, j'ai mon réfuge au Rocher de ma Foi.
Mon Juge est le Sauveur où mon espoir se fonde.
Couvert de sa Justice, & plongé dans son Onde,
Suis-je pas à l'abri des foudres de la Loi ?

Ton Trône, Divin Juge ! est l'appui de mon ame.
J'apperçois ton amour dans l'ardeur de ta flame :
Ton Arc est de ma Paix le signe glorieux :

Ta Trompette est enfin le Héraut de ma Grace :
J'ai place à ta main droite ; & ma foi, par mes yeux,
Lit déjà mon bonheur dans les traits de ta Face.

---

1. *Les Méchans seront épouvantés, lorsqu'ils verront en ce jour-là ce qu'ils ne croyent pas maintenant : mais les Justes se réjouïront de voir ce qu'ils croient.* St. Augustin.
7. *Dans la Mer Rouge de son Sang,* dit St. Augustin, *& dans le Baptême de son Esprit.*
10. *Ce feu brûlera pour les Méchans, mais il ne fera que luire pour les Justes.* St. Augustin. *En cela semblable au feu de la Fournaise de Babylone.*
11. *Allusion à l'Arc-en-ciel de la Nature, & à celui de l'Apocalypse.* L 5

SONNET XL.

SUR L'ENFER.

JUſte Dieu, que l'Enfer eſt un gouffre effroyable !
Ses ténebres, ſes feux, ſon ſouphre, ſes tourmens,
Ses gênes, ſes bourreaux, ſes cris, ſes hurlemens,
N'ont rien dans l'Univers qui leur ſoit comparable.

Là, ronge inceſſamment le ver inſatiable :
Là, l'on ſent du remords les époinçonnemens :
Là, ſans pouvoir mourir, l'on meurt à tous momens :
Là, l'Eternité rend la peine épouvantable.

Objet rempli d'horreur, tu viens mal à propos
Intimider mon ame, & troubler mon repos ;
Loin d'ici, noire image, à mon bonheur contraire.

Non, revien ; c'eſt ma chair qui m'aveugle en ce point.
Mais voici de l'eſprit le conſeil ſalutaire :
Crains ſans ceſſe l'Enfer, pour n'y deſcendre point.

---

1. C'eſt un Abîme ſans fond, une Mer de feu, qui roule ſes flots brûlans d'une maniere d'autant plus effroyable, qu'elle eſt incompréhenſible. St. Chryſoſtôme.

14. Que ceux qui n'ont point de paſſion de voir la Face de Dieu, craignent au moins le feu de ſa colere. Que les ſupplices épouvantent ceux que les récompenſes ne peuvent attirer. Ce que Dieu te promet, te ſemble-t-il peu de choſe ? Tremble de la menace du feu éternel : c'eſt par cette menace que Dieu veut te détourner du mal, & te porter au bien. St. Auguſtin.

SONNET XLI.

Sur la Gloire du Paradis.

Riches Voûtes d'azur, Flambeaux du Firmament;
Couronnes, Dignités, Grandeurs, Pompe Royale;
Festins, Concerts, Parfums que l'Arabie exhale;
Jardins, Fleuves, Palais bâtis superbement:

Soleil, du haut Lambris le plus noble ornement;
Perles, Rubis, Joyaux de l'Inde Orientale;
Trésors, que l'Occident aujourd'hui nous étale;
Eclatantes Beautés de ce bas Elément:

Objets les plus charmans de toute la Nature,
Venez ici m'aider à former la peinture
Du ravissant Bonheur que Dieu prépare aux siens.

Mais non, ne venez pas: cette Gloire suprême,
Où dans l'Eternité l'on possede Dieu même,
Surpasse infiniment la Nature & ses biens.

---

13. *Dieu donne quelquefois ses biens temporels aux Méchans, &*
ne les donne pas aux Bons: mais il se réserve lui-même aux
Bons, il sera lui-même la récompense des Fideles. Dans la
Gloire nous serons unis à Dieu, après lequel nous avons
toujours soupiré en cette vie. Alors Dieu sera notre bien &
notre lumiere, notre nourriture, notre vie, notre repos, &
toutes choses. St. Augustin.

14. *Il est plus aisé de dire ce que la Vie éternelle n'est pas, que*
d'exprimer ce qu'elle est. Le même.

FIN DU IV. ET DERNIER LIVRE.

LES

PSEAUMES

PENITENTIAUX,

En Vers Héroïques.

Par feu MR. DRELINCOURT , Pasteur de
l'Eglise de Niort.

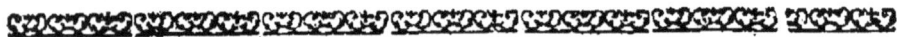

PSEAUME VI.

GRandDieu! qui me permets de t'appeller mon Pere,
Ne me visite point en ta juste colere,
Moi qui t'ai tant de fois, coup sur coup, irrité.
J'ai sur ma tête, hélas! attiré tes vengeances;
Mais détourne tes yeux de dessus mes offenses,
Et ne me traite pas comme j'ai mérité.

Vien plutôt, mon Sauveur, sur moi ta Grace épandre,
Et me fai ressentir ta pitié douce & tendre;
J'en ai besoin, Seigneur, dans les maux que je sens.
La douleur me transit, tout mon corps en frissonne:
Je n'en puis plus, hélas! la force m'abandonne;
Vien soutenir mon cœur, & ranimer mes sens.

Mon

Mon efprit agité, comme dans la tourmente,
Paffe de vague en vague. & prenant l'épouvante,
Reffent à chaque affaut de nouvelles terreurs.
Dieu tout-fage & tout-bon, jufques à quand fera-ce?
Puiffant Libérateur, fource de toute grace,
Quand verrai-je finir mes combats & mes pleurs?

Je languis, je me meurs, loin de ton affiftance.
Jette les yeux fur moi, regarde ma fouffrance,
Et par tes doux regards foulage mon tourment.
Je fai que mes péchés devant toi font extrêmes;
Mais plus ils font crians, plus tes bontés fuprêmes
Dans l'éclat du pardon paroîtront clairement.

Sauve-moi donc, Seigneur, par ta haute clémence;
Car dans le lieu funebre, où regne le filence,
Entendit-on jamais tes vertus réciter?
Et quelqu'un pourroit-il, enfermé dans la biere,
Et dans les noirs cachots de l'affreufe pouffiere,
De ton Nom glorieux les merveilles chanter?

PAUSE.

Le mal qui jour & nuit me preffe & me tourmente,
Quand je veux repofer, s'envenime & s'augmente;
Je fonds comme la cire, en mes vives douleurs.
De cent combats divers j'éprouve les allarmes;
Et, brifé de tes coups, je verfe tant de larmes,
Que mon lit eft noyé du torrent de mes pleurs.

Oui, mes yeux languiffans, fous leur foible paupiere,
Confument leur vigueur & perdent leur lumiere,
A pleurer, nuit & jour, l'état où tu m'as mis:
Un noir chagrin les ronge; & leur plus grande peine,
Dans ma mortelle épreuve, eft la joie inhumaine,
Qui paroît fur le front de mes fiers ennemis.

Mais

Mais loin d'ici, Méchans ; éloignez-vous, Iniques ;
Abandonnez ces lieux, fuyez, Peſtes publiques,
Perſécuteurs des Saints, Perturbateurs des Loix :
Envain votre malice inſulte à ma miſere,
Le tout-puiſſant Seigneur, en qui mon ame eſpere,
De mes triſtes accens a bien ouï la voix.

Loin de fermer l'oreille à mon humble priere,
Du Monarque des Cieux la bonté ſinguliere
Répond à mes deſirs, & rend mes vœux contens :
Sa promeſſe m'aſſure, & fait mon eſpérance :
Sa bonté me conſole ; & pour moi ſa clémence
Eſt un Trône de Grace acceſſible en tout tems.

Qu'ainſi dans un inſtant mon cruel Adverſaire,
Par une délivrance à ſes vœux ſi contraire,
Devienne également & ſurpris, & jaloux ;
Qu'il s'en aille confus dans ſa noire malice,
Puiſque Dieu, qui toujours à mes cris eſt propice,
Me témoigne un amour ſi conſtant & ſi doux.

PSEAUME XXXII.

HEureux eſt le Pécheur, de qui Dieu, par ſa grace,
Plein de compaſſion, tous les crimes efface !
Heureux le Criminel, de qui tous les péchés
Aux yeux de l'Eternel pour jamais ſont cachés !
Enfin, Seigneur grand Dieu ! cent fois heureux j'eſtime
L'Homme à qui ta bonté n'impute point ſon crime ;
Et dont l'eſprit toujours ſur tes Loix arrêté,
Fuyant l'hypocriſie, aime l'intégrité.

Soit

Soit qu'en mes maux ma bouche ait gardé le silence;
Ou que tantôt cédant aux coups de la souffrance,
Ma douleur par les yeux ait enfin pris son cours;
On m'a vu fondre, hélas! & périr tous les jours.
Alors, Seigneur grand Dieu, j'avois ta main sentie,
Sur moi, par mon péché, sans-cesse appesantie;
On a vu ma vigueur, dans cette extrémité,
Se sécher comme un champ dans l'ardeur de l'Eté.

Mais je t'ai hautement confessé mon offense;
J'ai solemnellement imploré ta clémence,
Et ta grace à l'instant produisant son effet,
Le pardon a suivi l'aveu de mon forfait.
Ainsi le Pénitent, pour son bonheur, éprouve,
Qu'en recherchant ta grace, aisément on la trouve;
Et que sous ta faveur, à l'abri de tous maux,
Même dans un Déluge, on peut braver les flots.

P A U S E.

Contre tous ennemis tu me sers de défense;
Dans mes plus grands besoins, tu fais mon espérance;
Et sorti du danger, je trouve mille fois
Sujet de te bénir, du cœur & de la voix.
Vien donc ici, Mortel, apprens comme il faut vivre!
Je te veux enseigner le chemin qu'il faut suivre;
Et mon œil fixement sur tes pas arrêté,
T'empêchera de prendre un chemin écarté.

Ne devenez jamais à des chevaux semblables,
Privés de sens, fougueux, farouches, indomptables:
Pour réprimer leur fougue, & dompter leurs efforts,
Il faut mettre en usage & la bride, & le mords.
Le Pécheur endurci sera dompté de-même,

Par

Par les vives douleurs d'un châtiment extrême;
Mais celui qui fur Dieu fon efpoir fondera,
De tous fes ennemis enfin triomphera.

Peuple à Dieu confacré, qu'aujourd'hui l'on vous voie
Célébrer avec moi l'Auteur de notre joie;
Et par un faint concert tous enfemble s'unir,
Pour porter fa louange aux fiecles à venir.

PSEAUME. XXXVIII.

NE prens point, ô Seigneur, dans ta grande colere,
D'un indigne Pécheur le châtiment févere,
Qu'il a par fes péchés juftement mérité;
Eloigne mes forfaits des yeux de ta Juftice;
Fai-moi miféricorde, ô Dieu! fois-moi propice,
Et m'épargne les coups de ta févérité.

De ton carquois, Seigneur, les fleches trop ardentes,
Par le fubtil venin de leurs pointes brûlantes,
Pénetrent aujourd'hui jufqu'au fond de mes os;
Et ta main, Seigneur Dieu, fur moi dure & pefante,
Par fes coups redoublés, m'afflige & m'épouvante,
Sans me laiffer jamais ni treve, ni repos.

Ma chair de tous les maux fouffre la violence,
Et dans l'extrémité de ma dure fouffrance,
De ton jufte courroux j'éprouve les effets;
Et mes os, étonnés & mis comme à la gêne,
Sans trouver de repos dans leur cruelle peine,
Reffentent jour & nuit tous les maux que j'ai faits.

Mes funeftes péchés, affemblés fur ma tête,
M'ont expofé, Seigneur, aux coups de ta tempête.

M   Et

Et de cent traits mortels à tes pieds abattu.
Mon crime à ma raifon paroît fi déteftable,
Que fa laideur m'effraye & que fon poids m'accable,
Faifant à tout moment fuccomber ma vertu.

PAUSE I.

Je ne fuis plus, hélas! que douleur, que bleffure,
Qu'infirmité, que pleurs, que playe & pourriture,
Et qu'un objet d'horreur & de compaffion.
O folle paffion! fource de mes miferes!
O remords, qui rendez mes larmes plus ameres!
Vous redoublez les cris de mon affliction.

Le mal, dont je reffens l'extrême violence,
M'a courbé contre terre, & déjà par avance,
Et attendant ma mort, m'approche du cercueil:
On remarque, à me voir, que je marche avec peine;
Ou, pour mieux dire, on voit, hélas! que je me traine,
Portant fur tout mon corps la trifteffe & le deuil.

Un feu lent & fecret s'eft gliffé dans mes veines,
De fes vives ardeurs mes arteres font pleines,
Et fon activité me ronge nuit & jour.
L'ennemi s'eft rendu le maître de ma vie,
Il a fur ma fanté fa fureur affouvie,
Et ma force s'en va, fans efpoir de retour.

Autrefois vigoureux, jeune, robufte, agile,
Aujourd'hui languiffant, foible, mourant, débile,
Je fuis caffé par l'âge, & par l'infirmité.
Auffi dans les douleurs dont mon ame eft preffée,
Ma bouche répondant à ma trifte penfée,
Je me plais, je frémis en cette extrémité.

Sei.

Seigneur mon Dieu, tu fais quelles font mes allarmes:
Oui, le tableau vivant de mes plaintives larmes,
Tracé par mes douleurs, & toujours par mes yeux,
Et de mon trifte cœur les profondes penfées,
Par la voix des foupirs en fecret prononcées,
Vont frapper ton oreille en tout tems, en tous lieux.

Mes efprit font éteints, le cœur me bat fans-ceffe;
Ma force m'abandonne, & je tombe en foiblesse;
Mes fens font interdits, & mon corps eft perclus.
Où font-ils ces chers yeux *, ces flambeaux de ma vie?
La lumiere du jour leur eft-elle ravie?
Oui, mon Dieu, tu le veux, hélas! ils ne font plus!

Mes prétendus Amis, dans mes malheurs extrêmes,
Infenfibles & froids comme les rochers mêmes,
De mon foulagement ne prennent aucun foin:
A celui que le fang a rendu mon plus proche,
Je puis, avec raifon, adreffer ce reproche,
Qu'il ne m'a point connu dans mon preffant befoin.

PAUSE II.

Les uns avec ardeur fouhaitent que je meure;
Les autres, ne pouvant en laiffer venir l'heure,
Par leurs complots divers en hâtent le moment.
Même pendant le tems que je demeure au Monde,
Leur langue, en exerçant fa malice profonde,
De fes traits enflammés me perce inceffamment.

Mais l'Eternel mon Dieu, par fa grace infinie,
Rend vaine contre moi toute la calomnie,
Et de tous fes affauts m'ôte le fentiment.
Il arrête l'effor de mon impatience,

Et

* L'Auteur avoit perdu la vue fix ans avant fa mort.

Et fait que , dans mes maux , je garde le filence ,
Sans prononcer un mot de plainte feulement.

C'eft toi , Dieu jufte & bon , qui me feras juftice ;
Tu viendras des Méchans reprimer la malice ,
Et contre leur fureur me prêter ton fecours :
Mon Seigneur & mon Dieu ! c'eft en toi que j'efpere ;
Dès mes plus tendres ans tu te montras mon Pere ,
Et dans tous mes befoins tu le feras toujours.

Prens garde aux ennemis qui fans ceffe m'épient ,
Et viens fermer la bouche à ces Méchans qui rient
Du malheureux état dans lequel je me voi :
Fai taire pour toujours leur noire médifance ,
Et ne laiffe jamais à leur folle infolence
Un prétexte malin de fe moquer de moi.

P A U S E.

Accablé fous le faix d'une peine mortelle ,
Et brifé par ta main , je tremble , je chancelle ,
Et je fuis fur le point de tomber à tous coups.
Verfe ta fainte grace en mon ame bleffée ;
Soutiens-moi par ta force , ôte de ma penfée ,
L'effroyable tableau de ton ardent courroux.

Mon Dieu ! je fuis confus , je fuis couvert de honte ,
Je fuis rempli d'horreur , quand mon cœur me raconte
Par un fecret récit mes iniques forfaits.
Que de regrets cuifans ! que de triftes allarmes !
Mes yeux, mes triftes yeux, ah ! fondez-vous en larmes ,
Et pleurez nuit & jour les péchés que j'ai faits.

Mais , pendant mes douleurs, ceux qui m'ont pris en
haine.

Font

Font leur plus grand plaifir de ma plus grande peine,
Et dans leur mauvais train s'avancent tous les jours :
Aucun événement à leurs vœux ne s'oppofe ;
Et dans tous les deffeins que leur cœur fe propofe,
De leurs profpérités rien n'arrête le cours.

Les efprits divifés à me haïr s'uniffent,
Et d'un commun accord leurs langues me maudiffent,
Exprimant de leur cœur l'ingrate lâcheté.
C'eft-là de mes bienfaits l'unique récompenfe ;
Et tu fais, ô mon Dieu ! comme dans ma fouffrance
Le fujet de leur haine eft mon intégrité.

Ton Serviteur périt, fi ta main l'abandonne :
Ne t'éloigne jamais de fa foible perfonne ;
Je ne trouve, fans toi, que mifere à jamais.
Jette fur moi, Seigneur, les regards de ta face ;
Eclaire-moi, mon Dieu, des rayons de ta grace,
Et me rens pour toùjours la lumiere & la paix.

O mon Pere & mon Dieu ! tes graces paternelles
Sont toujours & l'afyle & l'efpoir des Fideles,
Et c'eft d'eux, en tout tems, que ta bonté prend foin.
Des yeux de ta pitié regarde ma fouffrance ;
Hâte, ô Seigneur mon Dieu ! hâte ma délivrance ;
Leve-toi, marche, ayance, accours à mon befoin.

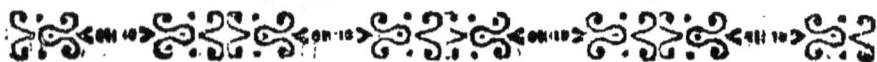

PSEAUME LI.

Grace ! grace ! pardon ! fouverain Roi des Cieux,
Efface mes forfaits par ta haute clémence ;
Fai-moi fentir l'effet de ta douceur immenfe,
Et prens quelque pitié d'un Pécheur odieux.

C'eſt en toi ſeul, grand Dieu! que mon eſpoir ſe fonde:
Ne m'abandonne pas dans ce preſſant beſoin ;
Mais lave mille fois, & relave avec ſoin
De mon ſale péché la tache trop profonde.

Mon cœur eſt tout rempli de triſteſſe & d'effroi,
Il reconnoît ſa faute, & ſent qu'elle eſt énorme :
Mon crime, ô Juge ſaint! ſous ſa plus noire forme,
Et tous lieux me pourſuit & ſe préſente à moi.
C'eſt à toi proprement que s'adreſſe l'offenſe.
J'ai bleſſé de tes yeux l'extrême pureté ;
Et ſi ta main me traite avec ſévérité,
Tu ſeras juſte & pur en montrant ta vengeance.

Je le ſai trop, Seigneur, & je l'ai toujours ſu,
Hélas! j'étois pécheur, même avant que de naître :
Oui, mon Dieu, mon Sauveur, j'ai commencé de l'être,
Au moment qu'en ſon ſein ma Mere m'a conçu.
Puis-je ici me couvrir d'un voile d'ignorance ?
Mais inſtruit dans tes Loix & dans ta Vérité,
N'ai-je pas contre moi, dans mon iniquité,
Pour juge & pour témoin ma propre conſcience ?

Le péché me noircit, il offenſe tes yeux :
Mais lave ce pécheur dans les eaux de ta Grace ;
Et ſi ta main, Seigneur, mes ſouillures efface,
Je paroîtrai plus blanc que la neige des Cieux.
Je ſens mes os briſés, & ma force abattue ;
Rétabli-moi, mon Dieu, rens-moi plus que vainqueur;
Viens conſoler mon ame & réjouïr mon cœur,
Et fai ceſſer enfin la douleur qui me tue.

P A U S E.

N'attache plus tes yeux ſur mes lâches forfaits,

Re-

Regarde-moi, Seigneur, d'un vifage de Pere,
Et couvre pour jamais, aux yeux de ta colere,
D'un pardon général tous les maux que j'ai faits.
Que ton Efprit, Seigneur, en moi fe renouvelle,
Qu'il y forme un cœur pur, rempli d'intégrité,
De juftice, d'amour, de foi, de chafteté,
Remis dans fon devoir, brûlant d'un nouveau zele.

Mes indignes forfaits de toi m'ont reculé:
Viens me rejoindre à toi, par ta main paternelle;
Viens faire dans mon cœur ta demeure éternelle,
Par l'Efprit de ta Grace, en moi renouvellé,
Banni de mon efprit la noire inquiétude,
Fais-y rentrer le calme & la tranquillité;
Rétabli dans mon cœur l'efprit de liberté,
Et m'ôte pour jamais l'efprit de fervitude.

Alors, non feulement je fuivrai tes fentiers,
Mais les plus grands Pécheurs, inftruits par mon
 exemple,
Voudront tous, à l'envi, t'adorer dans ton Temple,
Et viendront fous tes Loix fe ranger volontiers.
Tant de fang répandu te demande vengeance:
Mais fai taire fa voix, Dieu tout-jufte & tout bon:
Et fi de mon péché je reçois le pardon,
Ma bouche inceffamment chantera ta clémence.

Viens donc, Seigneur mon Dieu, viens ouvrir défor-
 mais
Mes levres, que la honte a fi longtems fermées;
Et tu verras alors tes louanges femées
En cent climats divers, par ma langue, à jamais.
Si tu voulois, Seigneur, que pour laver mes crimes,
Le fang des animaux coulât fur tes autels,
Je l'euffe offert cent fois; mais aucun des mortels
Ne peut fe rendre pur par ces foibles victimes.

Non,

Non, le seul sacrifice agréable à tes yeux,
C'est d'un Cœur pénétré la douleur pénitente,
C'est une Foi sincere, une Priere ardente,
Un Esprit par son zele élevé jusqu'aux Cieux.
Que ta Grace, ô Seigneur, ta Sion fortifie,
Que ta Jérusalem éprouve ta bonté!
Oui, répans tes faveurs sur ton humble Cité:
Augmente ses Enfans, & ses murs édifie.

Nos cœurs étant alors par ta main disposés,
Nous t'en ferons, Seigneur, une agréable offrande:
Les Bœufs alors, grand Dieu! que ta Loi nous demande,
Sur tes sacrés Autels par nous seront posés.

PSEAUME CII.

TOi qui peux tout entendre, écoute ma requête,
Tire-moi du danger qui menace ma tête,
Ouvre-moi le chemin pour aller jusqu'à toi,
Montre-moi ton visage, & calme mon effroi.
Dans ma vive douleur, à nulle autre pareille,
Prête à mes cris perçans ta favorable oreille.
Jusqu'ici je t'appelle, & tu ne répons pas:
Viens, Seigneur, il est tems, sauve-moi du trépas.

Oui, je sens que ma vie est presque consumée,
Ainsi qu'une vapeur qui s'exhale en fumée;
Et mes os décharnés, dans un corps abattu,
De soutenir ce corps ont perdu la vertu.
Dans ce funeste état ma vigueur est séchée,
Comme est seche, le soir, l'herbe qu'on a fauchée;
Et me voyan toujours menacé de périr,
Je néglige la vie & je songe à mourir.

On

On diroit que ma peau, par les chagrins noircie,
Eſt collée à mes os, tant elle eſt endurcie :
C'eſt pour ce triſte état que ma mourante voix
Remplit l'air de ſes cris, & gémit tant de fois.
Je reſſemble à l'Oiſeau, qui, triſte & ſolitaire,
Cherche l'obſcurité, haïſſant la lumiere ;
Je ſuis, dis-je, ſemblable à l'hôteſſe des Bois,
Qui dans les ſombres lieux fait entendrs ſa voix.

Tel que le Paſſereau, qui ſeul, dans ſon veuvage,
Paſſe à l'ombre d'un toit le reſte de ſon âge,
Ainſi la ſolitude, en l'état où je ſuis,
Me ſert à diſſiper mes plus profonds ennuis.
La troupe des Méchans me pourſuit & m'outrage ;
Je ſens fondre ſur moi les effets de leur rage ;
Mon nom ſert à couvrir leurs folles paſſions,
Et leur fureur l'emploie en imprécations.

PAUSE I.

De mon affliction la cendre & la pouſſiere
Eſt, dans mon triſte état, mon repas ordinaire ;
Et dans le ſentiment de mes vives douleurs,
Je mêle mon breuvage avec l'eau de mes pleurs.
C'eſt le terrible effet de ta juſte colere.
Autrefois, Seigneur Dieu, tu me traitas en Pere ;
Mais ayant ſur ma tête attiré ton courroux,
Je me vois abattu ſous le poids de tes coups.

Mes jours paſſent ſoudain, comme on voit paſſer
l'ombre,
Qui décline & qui fuit vers la nuit la plus ſombre,
On me voit tout à coup par ta main retranché ;
Je ſeche, comme un pré qui vient d'être fauché.
Mais, ô Seigneur grand Dieu ! tu fais ta réſidence

Dans

Dans un brillant Palais d'éternelle existence ;
Et ton Trône, élevé plus que ne font les Cieux,
Est toujours adorable & toujours glorieux.

Toi, de qui la bonté répond à la puissance,
Immuable en promesse, aussi-bien qu'en essence,
Tu prendras donc enfin quelque compassion
De ta sainte Cité, de ta chere Sion.
N'est-il pas tems, Seigneur, que ta bonté s'emploie
A changer ses soupirs en cantiques de joie ?
Ne voit-on pas rougir l'aurore du beau jour,
Où ton Salut viendra nous marquer ton amour ?

Les Enfans de Sion regardent ses masures ;
Souffrant, à leur aspect, les peines les plus dures ;
Et ce funeste objet excitant leurs douleurs,
La poudre de Sion se mêle avec leurs pleurs.
Tous les Peuples alors seront saisis de crainte,
Et trembleront aux pieds de ta Majesté sainte ;
Même les plus puissans des Princes & des Rois,
Epouvantés, viendront se soumettre à tes Loix.

Notre aimable Sion, maintenant désolée,
Par la main du Seigneur s'en va renouvellée.
Je le vois, je le vois ce Sauveur glorieux,
Qui, pour la rétablir, va descendre des Cieux.
Nos larmes tant de fois dans son sein répandues,
Nos cris qui tant de fois ont pénétré les nues,
Pour notre délivrance, enfin, dans ce beau jour,
Ont ému sa tendresse & vaincu son amour.

P A U S E II.

Sur le marbre & le bronze on gravera l'histoire,
Où des faits du Seigneur on marquera la gloire,

Pour

Pour en éternifer l'illuftre fouvenir,
Et remplir de fon Nom les fiecles à venir.
L'heureufe Nation au Seigneur confacrée,
Comme fi de nouveau le Seigneur l'eût créée,
Du cœur & de la voix, pour fa rare bonté,
Chantera fa louange à perpétuité.

Oui, pour nous l'Eternel, changé de Juge en Pere,
A détourné les yeux de fa jufte colere?
Et de fon Trône augufte, affis fur tous les Cieux,
Il a tourné fur nous les regards précieux :
Il a prêté l'oreille à la voix pitoyable
D'un Peuple gémiffant fous le mal qui l'accable,
Et fa main va changer notre malheureux fort,
Nous mettre en liberté, nous fauver de la mort.

Les voûtes de Sion, pleines de tes merveilles,
Retentiffant alors, rempliront les oreilles ;
Et, dans Jérufalem, le bruit de tes exploits
Exercera fans-ceffe & les cœurs, & les voix.
Toutes les Nations en un corps affemblées,
Dans ton Temple, à l'envi, feront leurs affemblées,
Et l'on verra par-tout les plus puiffans des Rois
Relever de ton Sceptre, & vivre fous tes Loix.

PAUSE III.

Contre moi, cependant, ta main fe fortifie,
Et je fens défaillir la force de ma vie ;
Je fens que tes bontés interrompent leur cours,
Et que, le bras levé, tu menaces mes jours.
Seigneur ! ne m'abbas point fans efpoir de reffource,
Ne tranche pas ma vie au milieu de ma courfe,
Toi, qui fans changement, dans ton éternité,
N'as point d'ans achevés, ni de cours limité.

Créa-

Créateur tout-parfait, tout-puiſſant, & tout-ſage !
Et la Terre & les Cieux ſont-ils pas ton ouvrage ?
Terre & Cieux, néanmoins, tout enfin paſſera,
Et le vaſte Univers après tout finira.
Dans ton Etre éternel, grand Dieu ! tu te repoſes,
Pendant que ſous tes pieds vieilliſſent toutes choſes,
Et qu'ainſi qu'un habit qui s'uſe avec le tems,
Tout s'uſe, tout fléchit ſous l'empire des ans.

Tout, dis-je enfin, tout s'uſe & périt avec l'âge,
Comme s'uſe un habit par un trop long uſage :
Oui, même ces beaux Cieux quelque jour changeront,
Et toutes leurs beautés avec eux paſſeront.
Mais, ô Dieu tout-puiſſant ! ô Majeſté ſuprême !
Tu vis toujours égal & ſemblable à toi-même :
Rien ne peut obſcurcir, ni troubler tes beaux jours,
Et rien n'en peut jamais interrompre le cours.

Auſſi, toujours conſtant dans ta ſainte Alliance,
Tu nous donnes, Seigneur, une ferme aſſurance,
Que dans Jéruſalem notre Poſtérité
Aura ſon ſiége fixe à perpétuïté.
De tes ſaints Serviteurs la famille nombreuſe,
Sous tes divines Loix floriſſante & pompeuſe,
Vivra de ſiecle en ſiecle ; & nulle adverſité
Ne bornera les ans de ſa félicité.

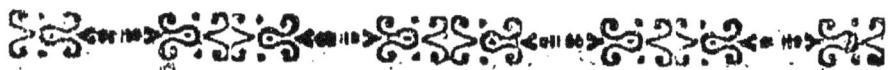

PSEAUME CXXX.

UNe foule de maux ſaiſiſſant ma penſée,
Au fort de mes douleurs, dans un gouffre d'ennuis,
de cent traits mortels l'ame atteinte & percéè,

Je

Je t'invoque, Seigneur, & les jours & les nuits.
Entens ma triste voix, & répons à ma plainte.
L'heure presse, il est tems, ô Dieu! mon seul recours,
Que les cris pénétrans de mon oraison sainte,
Entrant dans ton oreille, attirent ton secours.

Si par les justes Loix de ta bouche adorable,
Ta sévere Justice avec nous veut compter,
O Majesté suprême! ô Juge redoutable!
Qui pourra, des mortels, devant toi subsister?
Mais ta justice, ô Dieu! dans l'ordre de ta Grace,
Pour les pauvres Pécheurs fait place à ta bonté;
Et ton heureux pardon tous les péchés efface,
Afin que l'on te serve avec humilité.

En toi, Seigneur mon Dieu, mon ame se console,
Mes vœux sont satisfaits, mes desirs sont contens;
C'est sur la fermeté de ta sainte Parole,
Que ma foi se repose & s'assure en tout tems.
Mon ame vers son Dieu regarde en sa souffrance,
Tournant toujours sur lui les yeux de son amour;
Elle attend son secours avec l'impatience
De la Garde qui veille en attendant le jour.

Qu'Israël, en tout tems, sur Dieu son espoir fonde;
N'est-il pas de son Peuple & la force, & l'appui?
N'est-il pas une source où toute grace abonde?
Et le salut, enfin, ne vient-il pas de lui?
Attendons de lui seul toutes nos délivrances;
Nos péchés les plus noirs son pardon couvrira;
Et sa main nous tirant de toutes nos souffrances,
Un repos éternel nos travaux finira.

PSEAU.

P S E A U M E CXLIII.

C'Eſt à toi qu'aujourd'hui ma triſte voix s'adreſſe ;
  Ecoute-moi , Seigneur , puiſque le mal me preſſe,
Et reçois dans ton ſein ma ſupplication ;
Répons-moi par ta grace ; & ſelon ta promeſſe ,
Adouci les rigueurs de mon affliction.

N'entre point avec moi dans un compte ſévere ,
Et ne m'oblige point , en ta juſte colere ,
Au terrible examen que demande ta Loi :
Hélas ! ſi tu n'agis avec nous comme un Pere ,
Nul vivant ne pourra ſubſiſter devant toi.

L'ennemi qui m'inſulte & qui me fait la guerre ,
Enfin m'ayant vaincu , m'a renverſé par terre ,
Et m'a précipité dans des lieux ténébreux ;
Et dans ces triſtes lieux , où ſa main me reſſerre ,
Je ſuis comme enfermé dans un ſépulcré affreux.

Mon ame , en cet état , de douleur eſt percée ,
Craignant que ta clémence enfin ne ſoit laſſée.
Hélas ! ta main , Seigneur , m'a-t-elle abandonné ?
Mille chagrins divers déchirent ma penſée ;
Mes ſens ſont agités , & mon cœur étonné.

Triſtement renfermé dans cette grotte noire ,
Des ſiecles précédens j'ai repaſſé l'hiſtoire ,
Et de ton bras puiſſant les exploits médités ,
Là j'ai de tes bontés retracé la mémoire ,
Et tes faits glorieux hautement récités.

Dans

Dans ce tombeau vivant, après toi je foupire ;
Je t'invoque, Seigneur, dans mon cruel martire :
Altéré de ta grace, en ce péril nouveau,
J'attens ta délivrance, & mon cœur te defire,
Comme la terre feche afpire à boire l'eau.

P A U S E.

Avance-toi, Seigneur, & fauve un Miférable ;
Fai-moi fentir l'effet de ton bras fecourable,
Et par tes doux regards montre-moi ton amour :
Autrement je fuccombe, & je deviens femblable
A ceux qui font privés de la clarté du jour.

Divin Libérateur ! c'eft en toi que j'efpere ;
Fai-moi donc reffentir les tendreffes d'un Pere ;
Dans ce preffant befoin mon cœur s'éleve à toi.
Viens me montrer, Seigneur, le chemin néceffaire,
Pour me tirer vainqueur de ce mortel effroi.

Mon Dieu, qui fus toujours toute ma confiance,
Donne-moi de mes maux l'entiere délivrance,
Et me fai triompher de tous mes ennemis ;
Puifque c'eft en toi feul que mon efpoir j'ai mis.

Ce Pfeaume ayant refté imparfait par la mort de l'Au-
teur, un de fes Parens a été prié de l'achever, ce qu'il a
fait par les trois Strophes fuivantes.

Enfeigne-moi, Seigneur, ce qu'il faut que je faffe,
De tes divins fentiers fai-moi fuivre la trace,
Selon ta volonté, puifque tu es mon Dieu.
Applani mon chemin par ton Efprit de grace,
Afin que j'y chemine en tout tems, en tout lieu.
                                                              Au-

Auteur de mon Salut ! ô Dieu, rens-moi la vie ;
Viens pour me délivrer d'une main ennemie ;
Tire-moi de détresse en cette extrémité ;
Pour l'amour de ton Nom, de ta Gloire infinie,
Oppose ta justice à sa malignité.

A mes fiers ennemis, dont le nombre m'accable,
Fai ressentir les coups de ton bras redoutable ;
Retranche-les, grand Dieu ! dans ta juste fureur ;
Affranchi de leurs fers mon ame misérable,
Et selon ta bonté maintien ton Serviteur.

F I N.

CEs Vers ont été trouvés dans le cabinet du Défunt a-
près sa mort, écrits d'une main étrangere, Dieu l'a-
yant privé de la vue les six dernieres années de sa vie :
ainsi on ne doit pas lui imputer les fautes qui pourroient
s'être glissées dans ces Pseaumes.